新しい働き方の教科書

❶

中小企業だから実現できるテレワーク

宮下由多加＋井上健語 ［著］

JN091432

Jam House

まえがき

　2020年4月、新型コロナウイルス感染症（COVID-19）の流行により、全国に最初の緊急事態宣言が発出されました。それから約1年半、数回の緊急事態宣言の中でも、一貫して唱えられているのが「テレワーク」です。

　現在、政府はテレワークにより出勤者数の7割削減を呼びかけています。もちろん、物理的に不可能な職種もありますが、テレワークの導入を検討しているけれども、まだ実施に至っていない企業も少なくないでしょう。このような企業では、どこから手を付ければいいのか、必要なものは何か、コストはどのくらいかかるのか、セキュリティの心配など、色々な悩みが先立ち、実施に踏み切れていない場合もあるでしょう。

　本書は、そのような方々が一歩踏み出せる一冊になるよう構成しました。1章では、テレワークの概要や導入することによるメリット、導入までのステップについて丁寧に説明しています。2章では、テレワーク環境に必要な機器や、便利なツールについて紹介しています。ツールは設定からその使い方までをステップ形式で説明しているので、本書を片手に実際に試してみてください。さらに、作業効率を上げるちょっとしたテクニックも紹介しています。

　後半の3章では、最も気になるセキュリティについて、いくつもの事例を挙げて、その原因と対策を丁寧に解説しています。事前の対策にも役立ちますし、問題が起きた時も慌てないですむでしょう。4章では、テレワークで困る勤怠管理に役立つシステムを紹介しました。本書を読めば、実際に導入した際のイメージが沸くと思います。

　テレワークは緊急事態宣言中だけの働き方ではありません。現在の少子高齢化社会では、労働力不足が深刻な社会問題になっています。働く世代の親の介護や、保育園の待機児童の問題など、テレワークによる新しい働き方が今よりも求められるでしょう。今後、働き手を確保するうえでも、テレワークの実施は企業の強みになります。

　まずはビデオ会議（雑談やオンライン飲み会でも構いません）から実践してみませんか？

　意外にテレワークのハードルが低いことに気づくと思います。できることから少しずつ慣れていくことが、テレワーク実施への近道になります。様々な働き方から自分に合った働き方を選ぶ、新しい時代に向けて、本書がその助けとなれば幸いです。

2021年9月　編集部

1章

テレワークの
準備をしよう

1 会社以外での働き方もイロイロ！ そもそもテレワークとは？

新型コロナウイルス対策として、急速に広まっているのが「テレワーク」です。しかし、テレワークという言葉は聞いたことがあっても、具体的なイメージが沸かないという方も多いでしょう。ここでは、テレワークという働き方の定義や、具体的にどういったことができるのかを解説します。

1-1　テレワークの定義を理解する

そもそも「テレワーク」とは、「Tel（離れて）」と「Work（仕事）」を組み合わせた造語で、情報通信技術（ICT）を利用して時間や場所を有効活用できる働き方のことを指します。会社から離れた場所で、インターネットなどを使って仕事をするイメージです。

● 時間や場所に縛られない注目のワークスタイル

従来の働き方は、毎日決まった時刻にオフィスに出勤するのが常識でした。一方、テレワークなら時間や場所に縛られません。

労働人口減少対策や生産性向上も見込めるため、以前から厚生労働省が旗振り役となって提唱されていました。そして、新型コロナウイルスの緊急事態宣言がきっかけとなり、導入企業が急増したという経緯があります。

厚生労働省の「テレワーク総合ポータルサイト」

テレワークは官民挙げて推進されています。旗振り役の厚生労働省では、テレワークに関するさまざまな情報を発信する「テレワーク総合ポータルサイト」（https://telework.mhlw.go.jp/）を開設。また、電話で相談できる窓口も設置しています。

1-2 テレワークで得られる効果

テレワークは、経営者と従業員の双方にメリットがあります。まず、経営者にとっては、経営効率の改善や人材確保につながります。一方、従業員にとっては、自分のペースで仕事を進めることができ、ワーク・ライフ・バランスの向上が見込めます。

● 経営者にとってのメリット

・生産性の向上、通勤費やオフィス維持費の削減など、経営効率を改善できる。
・多様な働き方により、グローバルかつ優秀な人材を確保でき、流出を防止できる。
・災害などの非常時でも仕事を継続しやすく、復旧もしやすい。
・離職率が低くなれば、企業イメージの向上にもつながる。

● 従業員にとってのメリット

・通勤時間を節約でき、そのぶん家族や趣味の時間を増やせる。
・結婚・出産・介護などでも仕事を継続しやすくなる。
・過剰なプレッシャーが減り、自分のペースで仕事を進められる。
・オフィスの雑事から解放され、仕事の効率がアップする。

1-3 テレワークの導入状況

参考までにテレワークの導入状況を見てみましょう。東京都が毎月調査しているテレワーク実施状況を見ると、2021年5月の時点で64.8％の企業が何らかの形でテレワークを実施しています。

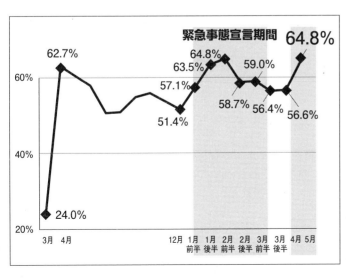

東京都内にある従業員30人以上の企業460社を対象にした調査結果。緊急事態宣言前と比較して、急速にテレワークが広まっていることがわかります。
（出典：東京都産業労働局による2021年6月2日発表の資料）

テレワークの労働スタイル

　テレワークは働く場所によって、「在宅勤務」「モバイルワーク」「サテライトオフィス勤務」の３つの労働スタイルがあります。それぞれの特徴を理解し、会社に適したスタイルを導入することが基本です。中小企業にとって導入のハードルが低く、メリットが大きいのは「在宅勤務」です。

テレワークには主に3種類の形態がある

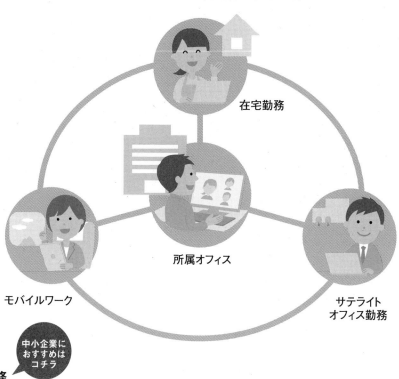

在宅勤務

所属オフィス

モバイルワーク

サテライト
オフィス勤務

中小企業に
おすすめは
コチラ

(1) 在宅勤務

　自宅を就業場所にする働き方。通勤が不要になるので、時間を有効利用できます。従業員のワーク・ライフ・バランスを実現する上でも効果的です。経営者にとっては、新たな拠点を用意する手間もなく、導入しやすい形態といえます。

(2) モバイルワーク

　移動中の電車内やカフェなどを就業場所にする働き方。ちょっとしたスキマ時間を有効利用でき、頻繁に外出する営業職などに向いています。直行・直帰を基本にすれば、オフィスに立ち寄る必要もありません。

(3) サテライトオフィス

　会社外の別の場所にある施設を就業場所にする働き方。例えば、従業員が多く住む地域や、大口顧客の近くに設置すれば、通勤や移動時間を削減できます。施設は会社専用だけでなく、共用型のコワーキングスペースを利用する手もあります。

1-5 テレワークでできること

すでに説明したように、テレワークではインターネットなどの情報技術（ICT）を使って仕事を行います。会議やミーティング、文書や資料のやり取りも、すべてパソコンやスマホからスムーズにこなせます。

ミーティングはビデオ会議で

従来の働き方では、会議室にこもって顔を突き合わせる必要がありました。しかし、テレワークなら、パソコンやスマホに搭載のカメラを通じてビデオ会議ができます。パソコンの画面に資料を表示して、みんなに見てもらうこともできます。

「ホウ・レン・ソウ」はチャットで

仕事には付き物の、「ホウ（報告）・ レン（連絡）・ ソウ（相談）」は、「Slack」などのビジネス向けチャットツールを使うことでスムーズに行えます。顔が見えないぶん、かえって緊張せずにやり取りできるメリットもあるでしょう。

ファイルや情報の共有

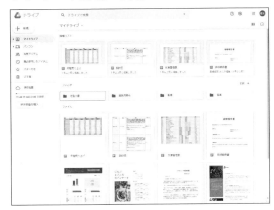

部署全体で共有したい書類などは、「Googleドライブ」や「OneDrive」などのクラウドサービスにアップロードすれば、メンバー全員で参照したり、ダウンロードしたりできます。また、書類を複数人で見ながら共同編集なども可能になります。

ペーパーレス化の促進

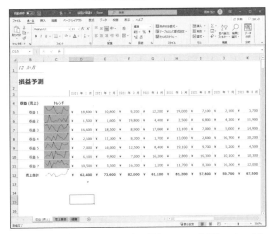

テレワークで書類をやり取りする場合は、PDFやOfficeファイルなどのデータが基本です。結果として、ペーパーレス化が促進されるメリットがあります。また、決裁印などもデジタル化できるので、ハンコレスにもつながります。

2 テレワークに向いている 業種や職種は？

すべての企業がテレワークを導入できればベストですが、事業内容によって向き不向きはあります。テレワークに適している業種もあれば、人との接触が基本となっている導入の難しい業種もあります。ここでは、業種や職種による傾向を解説します。

2-1 情報通信や研究・専門サービスは好相性

テレワークを導入しやすい業種として挙げられるのが、IT分野をはじめとする「情報通信業」や、広告、設計、デザイン、コンサルタントなどの「学術研究、専門・技術サービス業」です。これらの業種は、テレワーク実施率でも上位に挙っています。

情報通信業は、業務自体がインターネットやITに関わるため、テレワークとの親和性は高いです。一方、学術研究、専門・技術サービス業は、従業員が個人で作業できる領域が広いので、テレワークに適しています。

テレワーク実施率の上位業種

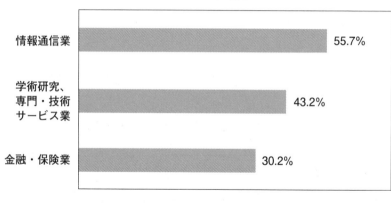

情報通信業	55.7%
学術研究、専門・技術サービス業	43.2%
金融・保険業	30.2%

株式会社パーソル総合研究所が2020年12月に発表したテレワーク実施率の調査によれば、実施率が高い順に「情報通信業」「学術研究、専門・技術サービス業」「金融・保険業」となっています。

2-2 ▶ 医療や介護、飲食業などは導入困難

　テレワークの難しい業種としては、人との接触が欠かせない医療や介護、飲食業などが挙げられます。また、建設業など、現場での作業が基本となる業種も導入のハードルが高いと言えます。

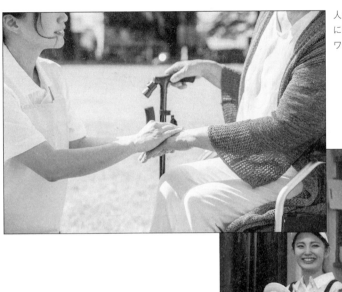

人の身体に直接触れてサポートすることになる医療や介護は、業務の性質上テレワーク導入は難しいでしょう。

飲食業は店舗で食品を調理して提供する必要があるため、テレワークには向いていない業種です。

2-3 ▶ 会社の一部の職種に導入できるケース

　会社全体でのテレワークが難しい場合でも、社内の一部の職種のみテレワークを導入する方法もあります。例えば、事務作業が中心の広報や企画部門なら、テレワークに適しています。

書類の作成やメールでのやり取りが中心の職種なら、部署単位でテレワークを導入して経営の効率化を図れます。

3 身軽な中小企業なら導入コストを ほぼゼロにできるかも!?

コロナ禍や働き方改革に迫られるとはいえ、経営者にとって、やはり気になるのがテレワーク導入にかかるコストでしょう。しかし、従業員数がそれほど多くなく、社内に大きなシステムも保有していない中小企業なら、かえって身軽でコストも抑えられます。うまくいけば、ほぼ無料でテレワークが実現できます。

3-1 在宅勤務を基本にしてコストを抑える

　コスト面で優れたテレワークは「在宅勤務」です。従業員の自宅を仕事場にすれば、外部にオフィスを用意する必要はありません。また、必要なネット回線やパソコンなども、私物利用を許可すればコストもかかりません。

● 就業場所が自宅なら外部オフィスは不要

　自宅の書斎などを仕事場にすれば、会社側がサテライトオフィスなどを用意する必要はありません。従業員にとっても通勤時間の削減や家事との両立など、メリットが大きくなります。

● ネット回線や機器の私物活用

　ネット回線、パソコンなども私物をそのまま使えば、あらためて購入する必要はありません。なお、テレワーク導入にかかる費用は助成金制度のある自治体もあるので活用しましょう（23ページ参照）。

3-2　無料のツールが充実している

　テレワークに必須のビデオ会議やクラウドシステムは無料で利用できます。これらを駆使すれば、余計なコストはかかりません。ただし、一部の機能は有料になるケースもあるので事前に確認しましょう。

ビデオ会議システムの定番ツール「Zoom」も基本的な機能は無料です。ただし、3人以上で40分以上のミーティングの場合は、有料ライセンスが必要になります。

「Googleドライブ」を使えば、文書や表計算などのビジネス書類を無料で作成できます。

3-3　予算にゆとりがあれば有料サービスも選択肢に

　予算にある程度余裕があれば、企業向けに販売されているテレワーク支援システムを購入する方法もあります。無料ツールで物足りない場合は検討してみるのもいいでしょう。

例えば、NTTPCコミュニケーションズでは、「Master'sONE」という有料のリモートアクセスサービスを提供しています。

4 完璧を求めずにまずは実践してみよう

初めてテレワークに移行する場合、経営者としては導入計画をしっかり立てたくなるものです。しかし、人的にも時間的にも限界のある中小企業では、最初から完璧を求めると、会社全体への負担が高くなってしまいます。まずは、実際にテレワークを実践してみて、問題点があればそのつど改善していく方が無理なく導入でき、成功しやすいでしょう。

4-1 標準的なステップは意外と面倒

通常、テレワークを導入するには、社内の現状分析やプロジェクトの立ち上げなどが必要になります。以下に標準的なテレワーク導入のプロセスを紹介します。中小企業の経営者にとってはかなり面倒に感じるはずです。

● 標準的なテレワーク導入のステップ

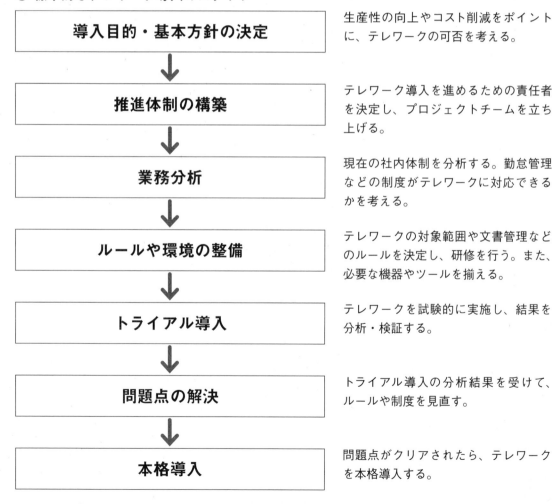

導入目的・基本方針の決定	生産性の向上やコスト削減をポイントに、テレワークの可否を考える。
推進体制の構築	テレワーク導入を進めるための責任者を決定し、プロジェクトチームを立ち上げる。
業務分析	現在の社内体制を分析する。勤怠管理などの制度がテレワークに対応できるかを考える。
ルールや環境の整備	テレワークの対象範囲や文書管理などのルールを決定し、研修を行う。また、必要な機器やツールを揃える。
トライアル導入	テレワークを試験的に実施し、結果を分析・検証する。
問題点の解決	トライアル導入の分析結果を受けて、ルールや制度を見直す。
本格導入	問題点がクリアされたら、テレワークを本格導入する。

4-2　中小企業での導入はステップを簡略化する

　従業員の少ない中小企業では、わざわざ人的リソースを割いたり、時間をかけるゆとりもありません。そこで、以下のようにプロセスを簡略化してテレワークを始めてみるのがおすすめです。

● 中小企業向けのテレワーク導入のステップ

簡単なルールの決定

テレワークによるメリットがあると判断したら、まずは簡単なルール（対象範囲や労務管理、コスト負担など）を決定する。

↓

必要機器などの準備

テレワークに必要なパソコンやネット回線、ツールなどを準備する。

↓

テレワークを実施

とりあえずテレワークを実施してみて、業務に不都合がないかを確認する。

↓

問題点の解決

実際にテレワークをしてみて感じたメリットやデメリットを従業員から聞き取り、問題点の改善を図る。

4-3　並行してさらなる環境整備も進める

　テレワーク実施後は、問題点をそのつど改善していくと同時に、必要に応じてさらなる機器の充実や、テレワーカーのメンタルサポートなど、働きやすい環境を整えるようにしましょう。

社内ルールで問題なければ、在宅勤務で利用する機器は社員の私物でかまいません。しかし、機器の追加が必要な場合は会社側で支給するなど、可能な範囲でサポートしましょう。

テレワーカーは人と接触する機会が減るため、孤独を感じやすいものです。月に数回はコミュニケーションの場を設けるなど、メンタルケアにも注意しましょう。

\ 風光明媚なリゾートなら仕事がはかどる!? /

テレワークと休暇を両立する "ワーケーション"とは？

　テレワークには場所を選ばずに働けるというメリットがありますが、さらに進化した労働形態として注目を集めているのが、「ワーケーション」です。

　ワーケーションとは、「ワーク（仕事）」と「バケーション（休暇）」を組み合わせた造語で、観光地や温泉地などで余暇を楽しみながら仕事を行うライフスタイルを指します。海外では2000年代頃から提唱されていた概念でしたが、国内企業では2017年に日本航空が導入したことで話題になりました。

　テレワークの普及と比例するように、ワーケーションへの認知度や注目度も向上しています。2021年3月に発表された厚生労働省のガイドラインでは、テレワーク（モバイル勤務やサテライトオフィス勤務）の一形態として位置付けられました。

　そして、この流れに着目したのが、コロナ禍によるインバウンド需要減少に悩んでいた地方自治体です。地域ぐるみでワーケーションを誘致するなど、地域活性化に役立てようと積極的に活動しています。2019年には、誘致に熱心な各地の自治体が参画した「ワーケーション自治体協議会」も設立されました。

　また、ホテルや旅館でも、ワーケーション向けのプランを提供する施設が増えています。Wi-Fiを備え、1週間〜１ヶ月の長期連泊が可能になるなど、テレワーカーにとって快適な環境の整備が進みつつあります。

　風光明媚なリゾート地でリラックスしながら、仕事もきっちりこなす。まさに理想的な働き方とも言えますが、その一方で労働生産性の問題や労務管理の難しさなど、いくつかの課題も指摘されています。

和歌山県はワーケーションに積極的

ワーケーション普及に積極的な自治体のひとつが和歌山県。「和歌山ワーケーションプロジェクト」を立ち上げ、受け入れサービスなどを展開しています。

専用の宿泊プランも登場

「楽天トラベル」などの宿泊予約サイトにも、ワーケーション用の長期連泊プランが登場。施設によっては、比較的安価な素泊まりプランもあります。

ツール活用で実践するテレワーク

1 テレワークに必要な機器を準備しよう

テレワークを実施するには、当然のことながらインターネット環境やパソコンなどが必要になります。ここでは、テレワークのために揃えておきたい機器の種類や、それらを用意する上で知っておきたい知識などを解説します。また、中小企業のテレワーク導入を支援する助成金についても紹介します。

1-1 パソコンは3つの選択肢を考える

テレワークに欠かせないパソコンですが、経営者にとっては情報セキュリティの面から、どのように用意すべきか悩みどころでもあります。主な調達方法としては、「会社のパソコンを持ち帰る」「従業員の私物のパソコン利用を許可する」「会社で購入して支給する」の3つの方法があります。それぞれの特徴を踏まえて、会社にとって一番良い方法を選びましょう。

● 方法1：会社で使っているパソコンを利用

日常的に会社で利用しているパソコンは、初期設定などが不要で、すぐに業務を行えるメリットがあります。何より、普段から慣れ親しんでいるパソコンなら操作もスムーズです。ただし、会社のパソコンがデスクトップPCの場合は、個人で運搬することが難しいため、配送業者に依頼する必要が出てきます。

● 方法2：BYODを許可して私物のパソコンを利用

「BYOD」とは、「Bring Your Own Device」の略称で、個人が所有するパソコンなどの端末を業務に利用することを指します。経営者にとっては購入コストなどがかからないメリットがあり、従業員にとっても使い慣れているため、高い業務効率が期待できます。ただし、適切な情報セキュリティ対策が施されている必要があります（セキュリティに関しては、第3章1節を参照）。

● 方法3：会社で購入・支給したパソコンを利用

予算的にゆとりがある場合は、テレワーク用のパソコンを会社で購入して支給する方法もあります。会社の所在地によっては、機器の購入に助成金が出る場合もあるので活用しましょう（助成金制度については23ページを参照）。

1-2 インターネットは光回線がベスト

　テレワークでは、光回線などの高速大容量に対応したブロードバンド回線が必須です。すでに光回線を契約して自宅で使っている場合は、そのまま利用しましょう。また、一部の集合住宅などでは、ケーブルテレビ会社の 10MB ～ 300MB 程度のインターネット回線を利用している人もいます。この場合は、Zoom やファイルの送受信などを試してみて、動作に支障がなければ利用を容認してもかまいません。

　一方、まだ自宅にブロードバンド回線を引いていない従業員の場合は、費用を会社が負担できるかどうかも検討して、新たに導入してもらいましょう。

NTTの「フレッツ光」

https://flets.com/

光回線で最大手なのがNTT東西の「フレッツ光」です。最近は大手プロバイダーが光回線をNTTから借り受けてサービスを提供する「光コラボ」が主流となっています。

KDDIの「auひかり」

https://www.au.com/internet/

スマホのauブランドでおなじみのKDDIも自社回線で光インターネットサービスを提供しています。auのスマホとセットで契約すれば割安になるメリットがあります。

＼ 高速モバイル回線の「ホームルーター」 ／

　自宅の都合で光回線の工事などができない場合は、高速モバイル回線を利用してインターネットに接続できる「ホームルーター」というサービスもあります。工事不要で、ルーターを自宅のコンセントに挿すだけで、Wi-Fi経由でインターネットに接続できます。ホームルーターは、UQコミュニケーションズ、NTTドコモ、au、ソフトバンクなどでサービスを提供しています。

UQ WiMAX（UQコミュニケーションズ）
https://www.uqwimax.jp/wimax/
プランや機器にもよりますが、下り最大速度2.7Gbpsと固定回線なみの高速インターネットが可能です。ただし、混雑時や利用状況によって速度制限が行われる場合があります。

Zoom などのビデオ会議を利用する場合は、パソコンにカメラが内蔵されていれば、そのまま利用できます。もしカメラが無い場合は、別途 Web カメラを購入して取り付けましょう。また、ヘッドセットもあれば、よりクリアな音質で通話できて便利です。

● パソコンにカメラが無い場合

パソコンにカメラが内蔵されていない場合は、別途 Web カメラの購入が必要です。ビデオ会議用なら、画質が HD（720p) 以上に対応していれば十分な性能です。

エレコム
UCAM-C750FBBK
実勢価格例：3590円
USB2.0接続で、最大2592×1944ピクセルの超
高精細映像が楽しめる500万画素Webカメラ

● スムーズなやり取りにはヘッドセットが便利

パソコンにマイクがない場合や、よりクリアな音質で通話したい場合は、ヘッドセットがオススメです。ノイズキャンセリング機能が搭載されていれば、周囲の雑音をカットできます。

ロジクール
H390R
実勢価格例：3810円
ノイズキャンセリングマイク搭載でクリアな通話
を実現。コードに付いているコントローラーで簡
単に音量の調節やミュートへの切り替えが可能

国や自治体のテレワーク助成金を活用しよう

　国や一部の自治体などでは、テレワーク導入費用の支援制度が設けられています。企業が申請手続きを行うことで、IT機器やツールなどを導入する経費の一部を補助してもらえます。ただし、支援対象となる企業の業種や規模、導入機器やツールなどは制度によって異なります。また、募集期間が定められていることもあるので、自治体のホームページや問い合わせ窓口などで確認しましょう。

テレワーク機器などの購入費用を補助

東京都では、公益財団法人の東京しごと財団を通じて、「テレワーク促進助成金」の制度があります。例えば、労働者が2人以上30人未満の企業なら、最大150万円が助成されます。

一方、経済産業省や中小企業基盤整備機構などでは「IT導入補助金2021」を提供しています。通常枠の（A・B類型）と、より補助率の高い低感染リスク型ビジネス枠（C・D類型）があります。

その他のテレワーク関連助成金の例

自治体	制　度
東京都	テレワーク・マスター企業支援奨励金
知立市（愛知県）	知立市テレワーク施設利用促進事業補助金
栃木県	令和3(2021)年度とちぎテレワーク環境整備導入支援補助金
大垣市（岐阜県）	令和3年度テレワーク導入支援事業補助金
品川区（東京都）	令和3年度働き方改革推進事業助成
かすみがうら市（茨城県）	新しいビジネスモデル構築支援事業
富士見市（埼玉県）	富士見中小企業チャレンジ支援事業補助金
日立市（茨城県）	日立市中小企業テレワーク環境整備支援事業補助金
福井県	テレワーク利用促進補助金

ツール活用で実践するテレワーク

2 社員一人ひとりの メールアドレスを持とう

テレワークを行う場合、連絡用のメールアドレスがあると便利です。中小企業の場合は、そもそも会社の
メールアドレスを持っていなかったり、特定の社員しかメールアドレスを持っていない場合もあるでしょう。
そこでおすすめしたいのが、「Gmail」などの無料のメールサービスを使う方法です。

2-1 Gmailアカウントを取得する

Gmail を利用するには、無料のアカウント（利用する権利）を取得します。画面の案内に従って、
名前やメールアドレス、パスワードなどの個人情報を設定しましょう。

**Gmail公式サイトから
アカウントを取得する**

1 パソコンのブラウザーで、Gmail
公式サイト（https://www.goog
le.com/intl/ja/gmail/about/）にアクセ
スし、[アカウントを作成する] をクリッ
クします。

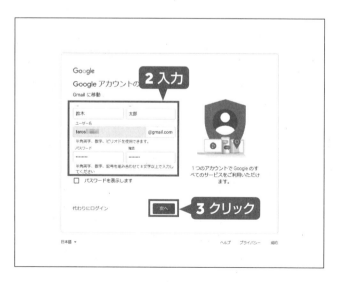

2 姓名と利用したいユーザー名（メー
ルアドレスの「@」の前の部分）、任
意のパスワードを入力します。

3 入力が終わったら、[次へ] をクリック
します。

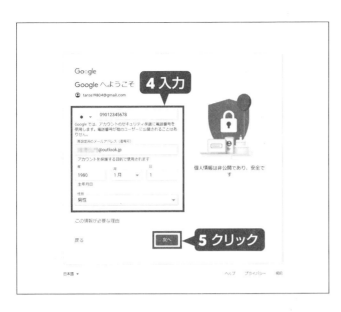

4 次の画面に切り替わったら、セキュリティ保護用の電話番号と再設定用のメールアドレス、生年月日、性別を入力します（電話番号、メールアドレスは省略可能）。

5 入力が終わったら、[次へ] をクリックします。

6 プライバシー ポリシーと利用規約を確認したら、[同意する] をクリックします。

利用規約に同意した時点で、Gmail のアカウントが作成されます。その後、機能に関する案内画面が表示されるので、ここで初期設定を行いましょう。

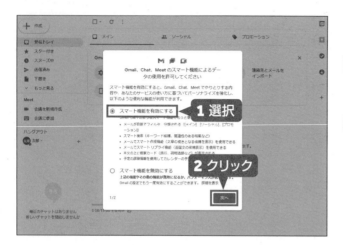

スマート機能を設定する

1 表示された案内画面で［スマート機能を有効にする］を選択します。

2 ［次へ］をクリックします。

MEMO

スマート機能が不要な場合は、［スマート機能を無効にする］を選択しましょう。

3 サービスの連携に関する案内が表示されるので、有効にする場合は［〜パーソナライズする］を、無効にする場合は［〜パーソナライズしない］を選択します。

4 ［完了］をクリックします。

5 再読み込みの案内が表示されるので、［再読み込み］をクリックします。

2-3　Gmailの基本的な使い方

初期設定が完了すれば、Gmail が使える状態になります。メールの受信や送信など、基本的な使い方を覚えておきましょう。

受信したメールを確認する

1 画面左側のメニューから、[受信トレイ]をクリックします。

2 受信したメールの一覧が表示されるので、見たいものをクリックすれば表示されます。

> **MEMO**
> 受信メールは、種類によって[メイン][ソーシャル][プロモーション]に自動的に分類されます。表示するトレイの種類は、メール一覧の上にあるタブで切り替えられます。

メールを作成して送信する

1 画面左側のメニューから、[作成]をクリックします。

2 画面右下に作成画面が表示されるので、宛先と本文を入力します。

3 [送信] をクリックすると、メールが送信されます。

> **MEMO**
> [送信]の横にあるアイコンから、ファイルの添付や署名の挿入などが可能です。

3

社内でよく使うファイルは OneDriveに保存して共有しよう

テレワークの際によく使うファイルは、同僚や上司がいつでも閲覧できる状態にしておきたいものです。そこで便利なのが、「クラウドストレージ」と呼ばれるサービスです。ネット上の専用スペースにデータをアップロードでき、許可した相手と共有できます。ここでは、Windows 10標準のクラウドサービスで、最大5GBまで保存できる「OneDrive（ワンドライブ）」の使い方を解説します。

3-1 OneDriveをオンラインで開く

　Windows 10 の OneDrive は、タスクバーの通知領域にある雲のアイコンから操作します。ここからオンライン上にある専用スペースにアクセスします。まずはサインインしましょう。

OneDriveにサインインする

1 タスクバーの通知領域にある雲のアイコンを右クリックします。

2 ［オンラインで表示］をクリックします。

28

3 最初にOneDriveの案内ページが表示されるので、[サインイン] をクリックします。

4 サインイン画面が表示されるので、パソコンで利用しているMicrosoftアカウントを入力します。

5 [次へ]をクリックします。

6 入力欄にパスワードを入力します。

7 [サインイン]をクリックします。

29

3-2 フォルダーを作成してファイルをアップロードする

OneDrive にサインインしたら、まずはテレワーク用のフォルダーを作成し、その中に共有したいファイルをアップロードしましょう。

フォルダーを作成する

1 画面上部にある［新規］をクリックします。

2 ［フォルダー]をクリックします。

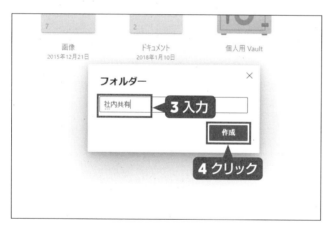

3 表示された画面の［フォルダー］欄に任意のフォルダー名を入力します。

4 ［作成]をクリックします。

5 入力した名前のフォルダーが作成されるので、これをクリックします。

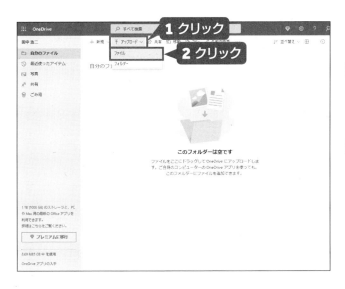

ファイルをアップロードする

1 フォルダー内部が表示されるので、画面上部にある［アップロード］をクリックします。

2 ［ファイル］をクリックします。

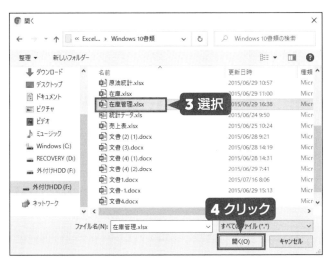

3 パソコンのファイル一覧が表示されるので、アップロードしたいファイルをクリックして選択します。

4 ［開く］をクリックします。

5 アップロードが実行され、フォルダー内に表示されます。

ツール活用で実践するテレワーク

フォルダーを共有する

　ファイルのアップロードが完了したら、ファイルを入れたフォルダーを共有して、テレワークに従事する社員が閲覧できるようにしましょう。個別のファイルごとに共有することもできますが、最初にフォルダー全体を共有しておけば、その中にアップロードするファイルは自動的に共有状態になるので、手間が省けます。

共有相手に
リンクを送信する

1　「自分のファイル」画面で、共有したいフォルダーの右上の［○］部分をクリックして選択状態にします。

2　［共有］をクリックします。

3　「リンクの送信」画面が表示されるので、共有したい相手全員のメールアドレスを入力します。

4　［送信］をクリックします。

5 「～リンクを送信しました」と表示
されます。

共有のお知らせから
リンクを開く

1 共有された相手にはメールが届く
ので、メールに記載されている [開
く] をクリックしてもらいます。

2 OneDrive画面で共有フォルダー
が開かれ、中身が表示されます。

4 ファイルの共有には Googleドライブも便利

Googleが提供するクラウドストレージの「Googleドライブ」でも、フォルダーやファイルの共有ができます。最大15GB（Gmailなど他のGoogleサービスとの合計）までファイルの保存が可能です。なお、フォルダーを共有するには、原則として自分と相手の両方にGoogleアカウントが必要になります。ただし、ファイルを個別に共有した場合は、アカウントがなくてもファイルの閲覧のみ可能です。

4-1 Googleドライブにアクセスする

まずは、Googleドライブのページ（https://www.google.com/drive/）にアクセスします。24ページですでにGmailを利用している人は、そのアカウントを使ってそのままサインインできます。

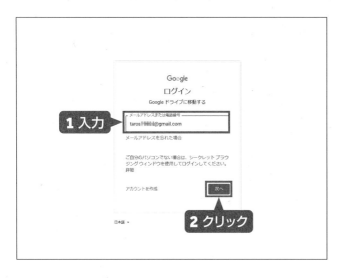

Googleドライブにサインインする

1 24ページですでに取得しているGoogleアカウントを入力します。

2 [次へ]をクリックします。

> **MEMO**
> まだGoogleアカウントを持っていない人は、左下の「アカウントを作成」→「自分用」をクリックして作成しましょう。作成手順は、Gmailの場合と同様です（24ページ参照）。

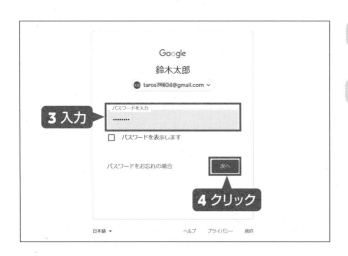

3 アカウントのパスワードを入力します。

4 [次へ]をクリックします。

4-2 フォルダーを作成してファイルをアップロードする

　Google ドライブにサインインしたら社内用のフォルダーを作成し、その中に共有したいファイルをアップロードしていきます。

フォルダーを作成する

1 Googleドライブにサインインすると、マイドライブの画面が表示されます。まずは、左側のメニューにある[新規]をクリックします。

2 表示された項目の中にある［フォルダ]をクリックします。

3 入力欄に好きなフォルダ名を入力します。

4 [作成]をクリックします。

ファイルをアップロードする

1 作成したフォルダーが表示されるので、これをダブルクリックします。

2 [新規] をクリックします。

3 表示された項目の中から、[ファイルのアップロード] をクリックします。

4 パソコンのファイル一覧が表示されるので、アップロードしたいファイルをクリックして選択します。

5 [開く]をクリックします。

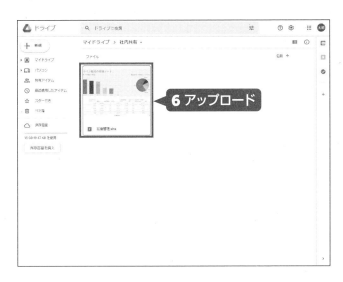

6 アップロードが完了したファイルが表示されます。

4-3 フォルダーを共有する

　ファイルのアップロードが完了したら、ファイルの入ったフォルダーを共有しましょう。OneDrive のときと同様に、フォルダー全体を最初に共有しておけば、その中にアップロードしたファイルは自動的に共有状態になります。

共有相手にリンクを送信する

1 マイドライブを開き、共有したいフォルダーを選択します。

2 右上にある人型のアイコンをクリックします。

3 「ユーザーやグループと共有」の画面が表示されるので、共有したい相手のメールアドレスを入力して、Enterキーを押します。

> **MEMO**
> 複数の相手と共有する場合は、続けて他の相手のメールアドレスを入力し、Enterキーを押しましょう（以降はこの作業の繰り返し）。

4 続いて共有権限を確認します。初期設定では「編集者」になっていますが、変更したい場合はこれをクリックします。

5 表示された項目から、[閲覧者]など設定したい項目を選択しましょう。

> **MEMO**
> 共有権限とは、共有相手がファイルに対して行える操作の種類を設定できる仕組みです。[編集者]はファイルの閲覧も編集も可能、[閲覧者]は閲覧のみ可能、[閲覧者(コメント可)]は閲覧とコメントの追加が可能になります。

6 必要に応じて、[メッセージ] 欄に
　　メールに付け加えるメッセージを
入力します（入力しなくてもOK）。

7 [送信] をクリックします。

共有のお知らせから
リンクを開く

1 共有された相手にメールが届くの
　　で、メールに記載されている ［開
く］をクリックしてもらいます。

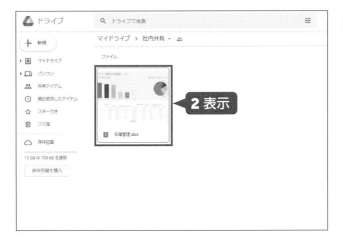

2 Googleアカウントでサインイン
　　してもらえれば、フォルダー内にある
ファイルを表示できます。

5 Googleドライブで ビジネス書類を作成する

テレワーク用のPCでは、「Microsoft Office」がインストールされていないケースが大半だと思います。しかし、あらためてライセンスを購入するとコストがかさんでしまいます。そんなときは、先ほど紹介したGoogleドライブを利用しましょう。無料で文書や表計算などのビジネス書類を作成できます。

5-1 作成できるビジネス書類の種類

Googleドライブでは、「ドキュメント」「スプレッドシート」「スライド」のビジネス書類を作成できます。まずは、各ツールの特徴を理解しましょう。

ドキュメント

報告書や企画書など、一般的な文書を作成できるツールです。Microsoft Officeの「Word」に該当し、書式や文字の装飾など、豊富な機能を備えています。

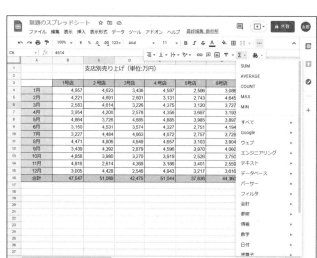

スプレッドシート

名簿や売上など、さまざまな表を作成できるツールです。Microsoft Officeでは、「Excel」に該当し、関数やグラフなどの機能も利用できます。

スライド

プレゼンテーション書類の作成ツールです。Microsoft Officeでは、「PowerPoint」に該当します。豊富なテーマやフォント、動画素材などが利用できます。

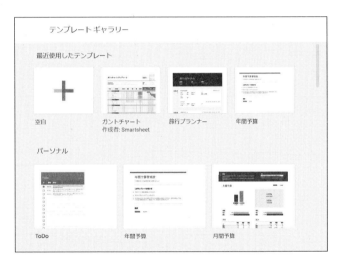

テンプレートも用意されている

各書類は空白状態から作成できるのはもちろん、Office同様にテンプレートも用意されています。書類の作成に慣れていない初心者でも利用しやすいのがメリットです。

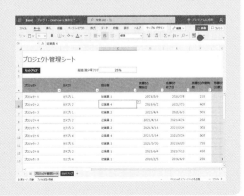

Microsoftの「Office Online」はテレワークでは無料で利用できない

　実はMicrosoft Officeをオンライン上で無料で使える「Office Online」というサービスがあります。しかし、Microsoftの規約ではテレワークでの利用は商用目的と判断されるため、別途、「Microsoft 365 Business Basic」などの法人向けライセンスを購入する必要があります。

　その点、Googleドライブの文書作成ツールはすべて無料です。これなら出費が気になる中小企業のテレワークにも最適です。

ビジネス書類を新規作成する

Googleドライブで書類を作成する手順は、新規メニューから書類の種類を選択するだけです。ツールの画面が切り替わったら、入力して文書を作成しましょう。

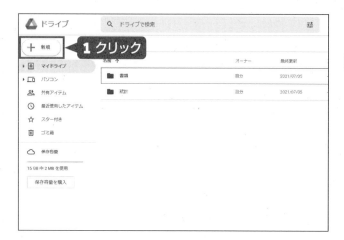

書類を新規作成する

1 Googleドライブの左上にある[新規]ボタンをクリックします。

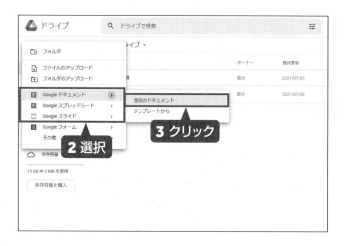

2 表示された項目の中から、作成したい書類の種類(ドキュメント、スプレッドシート、スライド)を選択します。

3 空白状態から作成するときは、「空白の〜」をクリックします。

> **MEMO**
>
> 書類をテンプレートから作成したい場合は、「テンプレートから」をクリックしましょう。

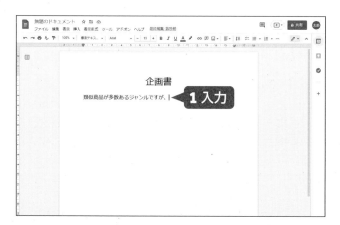

4 作成画面が表示されるので、入力して作業を進めましょう。

5 なお、左上のボックスをクリックすると、書類の名前を変更できます。

MEMO

Googleドライブでは、自動的に編集内容がオンライン上に保存されます。画面を閉じてもしっかり保存されるので安心です。

5-3 作成した書類はOffice形式でダウンロードできる

　Google ドライブで作成した書類は、必要に応じてパソコンにダウンロードできます。その際は、Office 形式や PDF など、指定したファイル形式に変換できます。

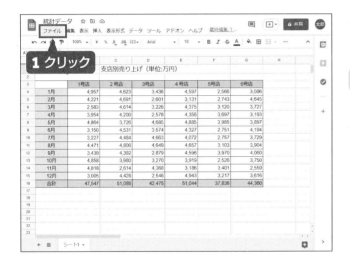

指定したファイル形式でダウンロードする

1 ［ファイル］をクリックします。

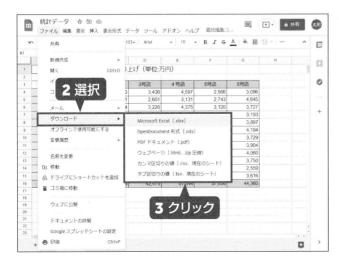

2 表示されたメニューから、［ダウンロード］を選択します。

3 好きなファイル形式をクリックすると、その形式でファイルがダウンロードされます。

5-4 Officeファイルを直接読み込んで編集する

Googleドライブでは、Officeファイルを読み込んで直接編集することもできます。パソコンにOfficeアプリが入っていなくても編集できるので非常に便利です。ただし、完全に互換性があるわけではないので、レイアウトやフォントなど、一部の内容が反映されないことがあります。

編集したいOfficeファイルをアップロードする

1 Googleドライブの左上にある［新規］をクリックします。

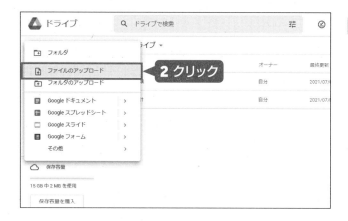

2 ［ファイルのアップロード］をクリックします。

3 ファイル選択ダイアログが表示されるので、編集したいパソコン内のOfficeファイルを選択します。

4 ［開く］をクリックすると、ファイルがGoogleドライブにアップロードされます。

Officeファイルを読み込む

1 アップロードしたOfficeファイル（ここではExcelファイル）をダブルクリックします。

2 Officeファイルが表示され、編集が可能になります。ファイル名の右にファイル形式が表示されているのがわかります。

5-5 音声入力でドキュメントを作成する

Google ドライブのうち、「Google ドキュメント」を作成する場合は、音声入力機能が使えます。声で話しかけるだけでテキスト入力ができるので、キー入力が苦手な人にとても便利です。

音声入力で文書を作成する

1 ドキュメントの新規作成画面を表示し、画面上部のメニューの［ツール］をクリックします。

2 表示された項目の中から、［音声入力］をクリックします。

3 画面上のマイクボタンをクリックします。

4 マイクのアクセス許可のダイアログが表示されるので、［許可］をクリックします。

5 アイコンが赤くなったら、入力したい内容を声に出してパソコンのマイクに話しかけます。

6 音声がテキスト化されて入力されました。

MEMO

[、] を入力したい場合は「とうてん」、[。] は「くてん」と話しかけます。また、改行したい場合は「あたらしいぎょう」と話しかけましょう。

＼ 音声が正常に認識されるためのコツとは？ ／

　音声入力で言ったとおりにテキストが反映されない場合は、なるべくハキハキ発音し、早口にならないように注意しましょう。
　また、近くで音楽がかかっていたり、別の話し声があると音声認識を妨げる恐れがあるので、なるべく静かな環境で利用するのがおすすめです。

47

写真内の文字をすばやくテキスト化する

　書類を作成する際に、写真に映った文字をテキストに起こしたいときもありますが、手で入力するのは面倒です。そんなときは、Googleドキュメントで写真を読み込めば、自動的にテキスト化できます。作業の時短に役立つので、ぜひ活用してください。

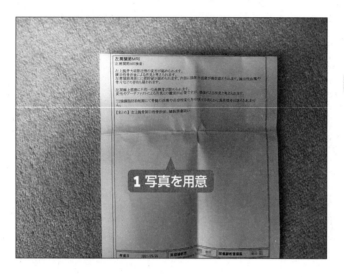

テキストにしたい写真をアップロード

1 テキスト化したい紙などを撮影し、写真をパソコンに取り込みます。

2 Googleドライブの［新規］ボタンをクリックします。

3 ［ファイルのアップロード］をクリックします。

4 パソコンに取り込んだ写真を選択します。

5 [開く] をクリックすると、写真がGoogleドライブにアップロードされます。

写真を読み込んでテキスト化する

1 アップロードした写真を右クリックします。

2 [アプリで開く]→[Googleドキュメント]をクリックします。

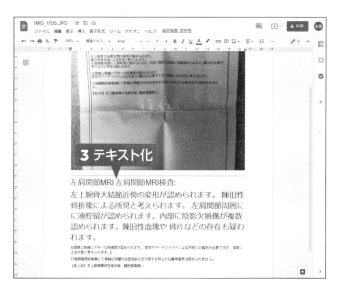

3 写真がドキュメントで読み込まれ、写真内の文字が自動的にテキスト化されます。長文でも簡単にテキスト化できるので非常に便利です。

6 Googleドライブの書類を
上司や同僚と共同で編集する

Googleドライブで作成した書類は、他のユーザーと共有することで、同時にアクセスして共同で編集できます。
編集中はコメントでディスカッションもできるので、上司や同僚と一緒に効率的なテレワークが可能になります。なお、共有相手が参加するには、Googleアカウントでのサインインが必要になります。

6-1 共同編集したいファイルを共有する

共同編集を行うには、最初にファイルを共有設定して、招待メールを送信します。メールを受信した相手は、メールに記載されているファイルのリンクをクリックし、Googleアカウントでサインインすれば編集に参加できます。

ファイルを共有して
相手を招待する

1 Googleドライブのマイドライブで、共有したいファイルを右クリックします。

2 表示された項目の中から、[共有]をクリックします。

3 招待用の設定画面が表示されるので、上の入力欄に招待したい相手のメールアドレスを入力します。

4 メールアドレスの入力後に Enter キーを押すと、送信先が確定されます。

MEMO

複数の相手を招待したい場合は、[3] [4]の手順を繰り返しましょう。

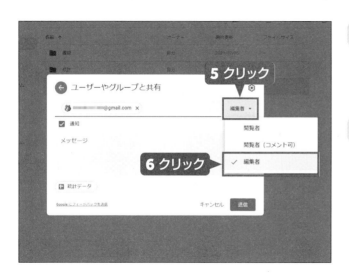

5 画面右にある編集権限が[編集者]になっていることを確認します。もしなっていない場合は、ここをクリックします。

6 [編集者]を選んでクリックします。

7 相手へのメッセージを入力します。

8 [送信]をクリックします。

ツール活用で実践するテレワーク

共有相手が編集に参加する

1 招待メールを受け取った相手は、メールに記載されている[開く]をクリックします。

2 Googleアカウントでサインインすると、このように共有ファイルが表示されて編集に参加できます。

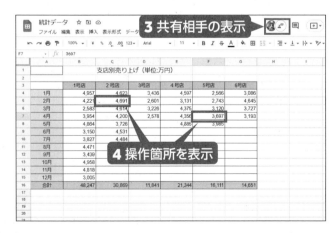

3 編集に参加中のメンバーは、画面右上にアイコンが表示されます。

4 共有相手が操作中の箇所は、色違いの線で囲んで表示されます。

6-2 編集中はコメントでやり取りできる

　共同編集中は、メンバーが挿入したコメントに対して返信が可能になります。ディスカッションしながら、疑問点や作業内容の確認などができるので、テレワークに便利です。

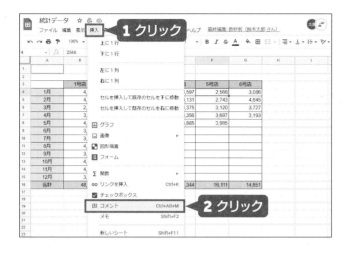

コメント機能を利用する

1 コメントを付けたい箇所を選択しておき、画面上部のメニューから[挿入]をクリックします。

2 表示された項目から、[コメント]をクリックします。

3 コメント欄が表示されるので、メッセージを入力します。

4 [コメント]をクリックすると挿入されます。

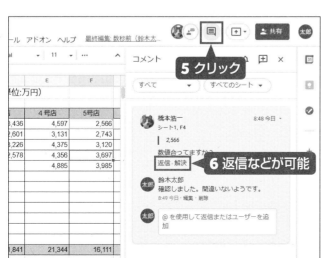

5 追加済みのコメントは画面右上の[コメント履歴]のアイコンをクリックすると確認できます。

6 コメントの下にある[返信]で返信が可能です。また、問題解決後に[解決]をクリックすると、そのコメントが非表示になります。

7

メールで送れない大容量ファイルの
やり取りは転送サービスを活用

テレワークでは、メールでファイルをやり取りすることが多くなります。しかし、メールに添付できるファイルサイズには上限があり、100MBなどの大容量ファイルは送受信できません。そこで活用したいのが、無料で使えるファイル転送サービスです。ファイルをネット上にアップロードし、相手に簡単にダウンロードしてもらえます。

7-1 代表的なファイル転送サービス

　無料で利用できるファイル転送サービスにはいくつかありますが、代表的なのが「firestorage（ファイアストレージ）」と「ギガファイル便」の2つです。それぞれの特徴を理解し、ニーズに合ったものを選びましょう。

「firestorage」
https://firestorage.jp/

1ファイルあたり最大2GB、個数無制限でアップロードできます。アップロードした場所のアドレスは短縮URLも利用でき、複数ファイルをまとめる機能も備えています。より高機能で利用できる会員プランや有料プランもあります。

「ギガファイル便」
https://gigafile.nu/

圧倒的な大容量が特徴で、1ファイルあたり最大200GB、個数無制限でアップロードできます。もちろん、短縮URLやまとめる機能にも対応しています。これだけの容量があれば、高解像度の動画ファイルのやり取りにも安心です。

7-2 転送サービスでファイルをやり取りする

　ファイル転送サービスは、ファイルをアップロードし、そのURLを相手に知らせてダウンロードしてもらいます。アップロード時には、セキュリティを確保するためにダウンロード用のパスワードを必ず設定しましょう。ここでは、「firestorage」を例に利用手順を解説します。

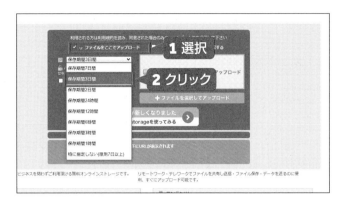

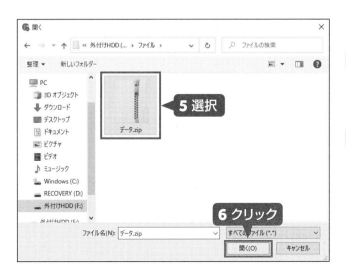

ファイルをアップロードする

1 「firestorage」にアクセスし、上にある［ファイルをここでアップロード］にチェックを入れて選択します。

2 ファイルの保存期間は、初期設定では3日間になっています。必要に応じてプルダウンメニューから保存期間をクリックして変更しましょう。

3 ［パスワード］欄に、設定したい任意のダウンロード用パスワードを入力します。

4 ［ファイルを選択してアップロード］をクリックします。

> **MEMO**
> ［ここにファイルをドロップしてアップロード］に、ファイルをドラッグ＆ドロップしてもアップロードすることができます。

5 ファイル選択ダイアログが表示されるので、アップロードしたいファイルを選択します。

6 ［開く］をクリックします。

55

7 ファイルがアップロードされ、進捗状況が赤いグラフで表示されます。

8 アップロードが完了したら、上で設定したパスワードと、ダウンロードURLをそれぞれコピーしておきましょう。

差出人: ▨▨▨▨▨▨▨ ▨ ▨▨▨▨▨

宛先: suzuki@example.com;　　　　　　　　　　　　　　 　 CC と BCC

データのダウンロード先です

鈴木様

お疲れさまです。
営業部の山本です。

9 メールにコピーを貼り付けて送信

お手数ですが、以下のリンクからダウンロードしてください。

https://firestorage.jp/download/4699861dbfab4972c790e3c319b7d7f6a13948a1

パスワード：Very732

9 先ほどコピーしたダウンロードURLとパスワードをメールの本文欄に貼り付けて、やり取りしたい相手に送信します。

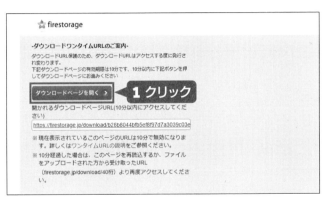

相手にファイルを
ダウンロードしてもらう

1 メールに記載されたURLにアクセ
スすると、ダウンロード案内が表
示されます。[ダウンロードページを開
く]をクリックします。

2 表示された入力欄に、ダウンロー
ドパスワードを入力します。

3 [送信]をクリックします。

4 [ダウンロード]をクリックすれ
ば、ファイルがダウンロードされ
ます。

8

ビデオ会議はZoomを利用しよう

テレワークを行う上で、大きな柱となるのがビデオ会議です。インターネット経由で離れた場所にいる相手と、映像と音声でコミュニケーションを取ることができます。ビデオ会議ツールの中でも人気が高いのが、基本的な機能が無料で使える「Zoom（ズーム）」です。使い方をマスターして、テレワークを快適に遂行しましょう。

8-1 Zoomのアカウントを取得する

Zoom を利用するには、会員登録してアカウントを取得する必要があります。最初にメールアドレスを登録し、その後にアクセスした画面で氏名などの必要事項を設定しましょう。

公式サイトでサインアップ

1 Zoomの公式サイト（https://zoom.us/）にアクセスし、画面右上の［新規アカウント登録（無料）はこちら］をクリックします。

2 最初の画面で誕生日を設定し、［続ける］をクリックします。その後に表示された画面で登録に利用可能なメールアドレスを入力します。

3 ［サインアップ］をクリックします。

MEMO

クリックした後に、画像選択による認証画面が表示されることがあります。その場合は、案内にしたがって画像を選択して［確認］をクリックしましょう。

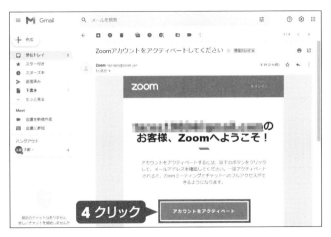

4 登録したメールアドレス宛に確認メールが届くので、そこに表示されている［アカウントをアクティベート］をクリックします。

5 ブラウザーに表示された画面で、氏名やパスワードなどの必要事項を入力し、［私はロボットではありません］にチェックを入れます。

6 ［続ける］をクリックします。

7 次の画面で招待用の画面が表示されますが、アカウントの手続きはすでに完了しているので、［手順をスキップする］をクリックして終了します。

8-2 ミーティングクライアントをインストールする

アカウントの取得が終わったら、今度はパソコンに専用のクライアントアプリをインストールします。インストール後にアカウントでサインインすれば、アプリが利用できる状態になります。

クライアントアプリを
インストールする

1 Zoom公式サイトのトップページ最下部にある [ミーティングクライアント]をクリックします。

2 表示された「ミーティング用Zoomクライアント」画面の [ダウンロード]をクリックします。

3 ダウンロードしたファイルをダブルクリックすると、インストールが実行されます。

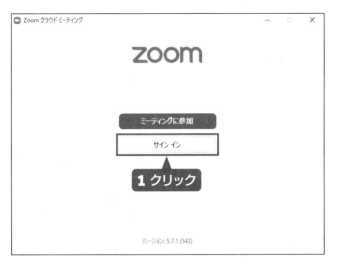

クライアントにサインインする

1 インストールが完了すると、自動的にクライアントプリが起動します。ここで、[サインイン]をクリックします。

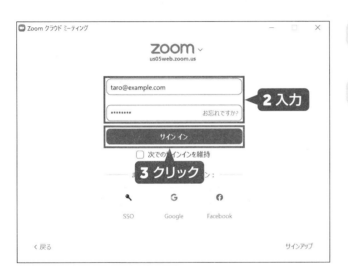

2 アカウントのメールアドレスとパスワードを入力します。

3 [サインイン]をクリックします。

4 サインインすると、アプリの操作画面が表示されます。

　Zoom でミーティング（ビデオ会議）を行うには、ホスト（主催者）が参加者を招待することで開催できます。参加者はクライアントアプリをインストールしておき、招待メール記載のリンクをクリックすれば、ミーティングに参加できます。

ミーティングの招待メールを送信する

1 Zoomのクライアントアプリを起動し、[新規ミーティング] をクリックします。

2 [コンピューターでオーディオに参加]をクリックします。

3 ミーティング用の画面が表示されたら、下部のメニューにある [参加者]の横の[∧]をクリックします。

4 [招待]をクリックします。

5 表示された画面で［メール］タブ
をクリックします。

6 招待メールの送信に使用するアプ
リのアイコンをクリックします。

7 メールアプリが起動し、招待メー
ルの文面が自動的に作成されます。
招待したい相手の宛先を入力します。

8 ［送信］をクリックします。

ミーティングの開催日時を予約することも可能

　ミーティングを特定の日時に開催したい場
合は、予約を設定することができます。クライ
アントアプリのホーム画面で［スケジュール］
をクリックし、開催日時を設定すればOKです。
その日時になったら、クライアントアプリのミー
ティング一覧から［開始］をクリックして開始
できます。

クライアントアプリ
のホーム画面で［スケ
ジュール］をクリックし
て開く画面で、開催日時
などを設定し、[保存］を
クリックします。

招待メールから参加する

1 招待を受けた相手は、招待メールに記載されているリンクをクリックします。

> **MEMO**
>
> この後、ブラウザーが起動して[Zoom Meetingsを開きますか]というダイアログが表示されるので、[Zoom Meetingsを開く]をクリックしましょう。

2 クライアントアプリが起動し、最初にビデオプレビューの画面が表示されるので、[ビデオ付きで参加]をクリックします。

3 その後、[コンピューターオーディオで参加] をクリックし、主催者が入室を許可するとお互いに接続されてミーティングがスタートします。

> **MEMO**
>
> 無料版のZoomは、1対1の場合は時間無制限で利用できます。ただし、3人以上のミーティングの場合は、1回40分までの時間制限があります。

8-4 ファイルの画面を参加者と共有する

Zoom にはミーティング中に使える便利な機能が数多く搭載されています。中でも注目なのが、「画面の共有」です。パソコンで表示している画面を、他の参加者に見てもらうことができるので、例えば Office ファイルの資料を見せながらプレゼンを行うといった使い方が可能になります。

画面の共有を利用する

1 ミーティング画面下部にあるメニューから、[画面の共有] をクリックします。

2 パソコンで起動中の画面の一覧が表示されるので、共有したい画面を選択します。

3 [共有] をクリックします。

4 画面が共有状態になり、上に操作パネルが表示されます。

MEMO

共有を終了するときは、上にある[共有の停止]をクリックしましょう。

5 画面一覧で［ホワイトボード］を選ぶと、ホワイトボードを共有して書き込むことができます。

8-5 ミーティング中にチャットを利用する

　ミーティング中は、参加者との間でチャットを利用することもできます。メッセージのやり取りはもちろん、ファイルの送受信もできるので、ミーティングに関連する書類などのやり取りに便利です。

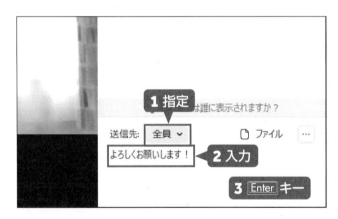

チャット機能を利用する

1 ミーティング 画面下部にあるメニューから、［チャット］をクリックすると、右側にチャットウィンドウが表示されます。まず、［送信先］でメッセージを送りたい対象を指定します。

2 下の入力欄にメッセージを入力します。

3 Enter キーを押します。

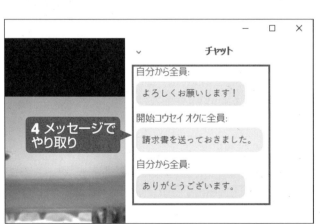

4 メッセージが送信され、ウィンドウに吹き出しで表示されます。

5 ファイルの送信も可能

5 メッセージ入力欄右上の［ファイル］をクリックすると、パソコンやオンラインストレージのファイルを選んで送信できます。参加者はファイルのアイコンをクリックして表示できます。

8-6 ミーティングを録画する

　Zoom のミーティングは録画保存も可能です。録画したファイルは自動的にパソコン内に保存され、ミーティング終了と同時に映像ファイルと音声ファイルが出力されます。

録画を実行する

1 クリック

1 ミーティング画面下部にあるメニューから、［レコーディング］をクリックします。

2 クリック

2 録画がスタートします。一時停止や停止は、画面下部のボタンをクリックして行います。

3 録画ファイルが保存される

3 ミーティングを終了すると録画ファイルの変換・保存が実行されます。ファイルは「ドキュメント」→「Zoom」フォルダーに保存され、動画ファイルに加え、音声ファイルも出力されます。

「Slack」で社内の
コミュニケーションを図ろう

仕事によっては、テレワークでも緊密なコミュニケーションが必要になる場合があります。そこで活用したいのが、ビジネスチャットツールの「Slack（スラック）」です。メンバーを登録し、手軽にメッセージでコミュニケーションが図れます。なお、基本機能は無料で利用でき、より高機能な有料プランも用意されています。

9-1 「Slack」のインストールと初期設定を行う

　Slack のインストールは、Windows 標準のアプリストアである「Microsoft Store」から行います。その後、アプリを起動してワークスペースとチャンネルの作成などの初期設定を行いましょう。

アプリのインストールと起動

1 「Microsoft Store」アプリを起動し、「Slack」と検索して詳細ページを表示します。［インストール］をクリックしてインストールしましょう。

> **MEMO**
> ［インストール］は［入手］となっている場合もあります。

2 スタートメニューのアプリ一覧から、「Slack」をクリックして起動します。

3 画面右下にある［ワークスペースを新規作成する］をクリックします。

ユーザー登録と初期設定

1 表示されたブラウザーの画面で利用可能なメールアドレスを入力します。

2 [続行する]をクリックします。

3 先ほど入力したメールアドレスに、確認用のメールが届くので、記載されているコードを確認しましょう。

4 画面上に「メールでコードを確認する」と表示されるので、コードを入力しましょう。

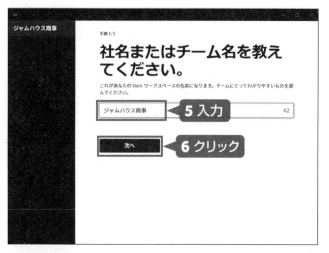

5 「Slackを開きますか?」というダイアログが表示されるので、[Slackを開く]をクリックするとアプリ画面に切り替わります。ここで、社名やチーム名など、ワークスペース名にしたい文字を入力します。

6 [次へ]をクリックします。

7 続いて、プロジェクトやイベントなど、チャンネル名にしたい文字を入力します。

8 [次へ]をクリックします。

9 メンバー追加用の画面が表示されますが、後でまとめて招待できるので、ここでは [この手順をスキップする]をクリックします。

表示名を変更する

1 ワークスペースとチャンネルが作成されました。初期状態では、自分の表示名が登録メールアドレスの一部になっています。これをわかりやすく変更するために、右上のアカウントのアイコンをクリックします。

2 ［プロフィールを編集］をクリックします。

3 ［表示名］に他のメンバーがわかりやすい名前を入力します。

4 ［変更を保存］をクリックします。

5 表示名が書き換えた名前に変更されました。

他のメンバーを招待して参加してもらう

初期設定が終わったら、次はコミュニケーションを取りたい他のメンバーを招待しましょう。同じ部署やプロジェクトで一緒に働いている同僚や上司に参加してもらえば、メッセージでやり取りができます。

メンバーを招待する

1 画面左側のメニューの［チームメンバーを追加する］をクリックします。

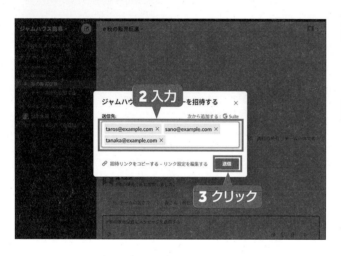

2 表示された画面の［送信先］の欄に招待したい相手のメールアドレスをすべて入力します。

3 ［送信］をクリックします。

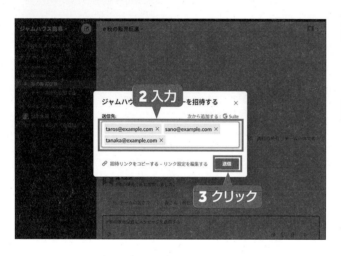

4 招待された相手は、受け取ったメールに記載されている［今すぐ参加］をクリックすると、ブラウザーで参加用のページが表示されます。登録用の氏名とパスワードを入力します。

5 ［アカウントを作成する］をクリックします。これでワークスペースにサインインして参加できます。

9-3　メンバー全員にメッセージを送信する

メンバーの追加が終わったら、メッセージをやり取りできます。通常のチャットと同じような感覚で気軽にメッセージを送信でき、反映されたメッセージには投稿者と送信日時が表示されます。

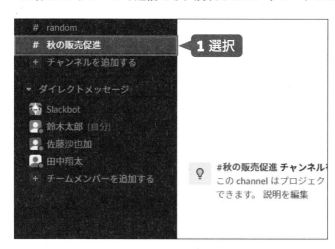

メッセージをやり取りする

1 メッセージを送信したいチャンネルを選択します。

> **MEMO**
>
> メンバーがSlackにサインインしている場合は、メンバー名の先頭のポイントが緑色に点灯します。

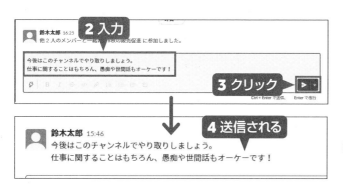

2 画面右下の入力スペースにメッセージを入力します。

3 [今すぐ送信する] ボタンをクリックします。

4 送信したメッセージがチャンネル画面上に反映され、投稿者と日時が表示されます。

5 チャンネルのメンバーが気軽にメッセージを送信できるので、仕事に関するやり取りもスムーズに行なえます。

Slack では、先頭に「@」（メンション）を付けることで、特定のメンバーを指定してメッセージを送信できます。また、ダイレクトメッセージを使うと、他のメンバーに見られずに1対1でのやり取りが可能になります。

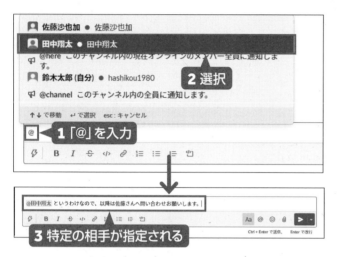

メンションでメッセージを送る

1 メッセージの入力欄に「@」を入力します。

2 メンバーの一覧が表示されるので、相手を選択します。

3 選択したメンバー が指定されるので、そのままメッセージを入力して送信しましょう。

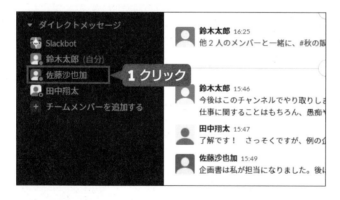

ダイレクトメッセージを使う

1 画面左側の［ダイレクトメッセージ］で、やり取りしたいメンバー名をクリックします。

2 この画面から送信したメッセージは1対1でのやり取りになるので、他のメンバーに知られることがありません。

9-5 メンバーにファイルを送信する

Slack では、メッセージだけでなく、ファイルの送受信も可能です。ビジネス文書などをスムーズにやり取りできるようになるので、テレワークの際には大いに役立つでしょう。

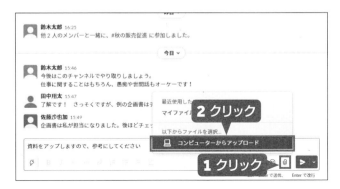

ファイルを送信する

1 メッセージ入力欄右にあるクリップアイコンをクリックします。

2 [コンピューターからアップロード]をクリックします。

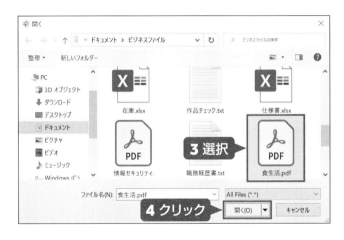

3 ファイル選択ダイアログが表示されるので、送信したいファイルを選択します。

4 [開く]をクリックします。

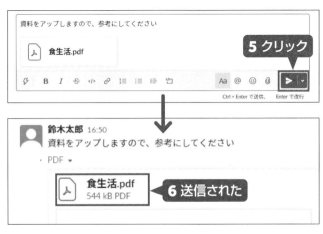

5 選択したファイルが入力欄に貼り付けられるので、[今すぐ送信する]ボタンをクリックします。

6 送信されたファイルが画面上に反映されました。メンバーはファイルをクリックして開いたり、ダウンロードしたりできます。

9-6 メッセージを編集・削除する

　送信したメッセージを編集して書き換えたり、削除することも可能です。書き間違いや、内容を訂正したいときなどに利用しましょう。なお、編集したメッセージには「(編集済み)」という表示が付きます。

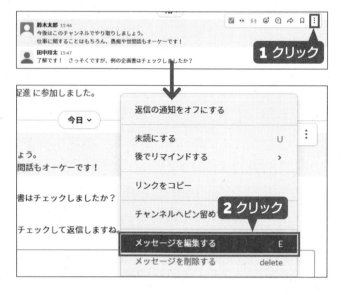

メッセージを編集する

1 編集したいメッセージの上にマウスを移動し、表示された操作メニューの右端の[その他]アイコンをクリックします。

2 表示された項目から、[メッセージを編集する]をクリックします。

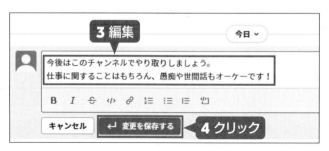

3 編集画面に切り替わるので、内容を書き換えます。

4 [変更を保存する] をクリックします。

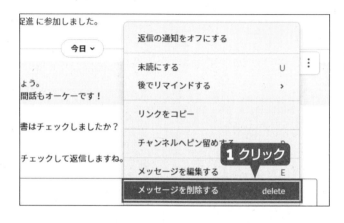

メッセージを削除する

1 メッセージを削除する場合は、同様の操作でメニューを表示し、[メッセージを削除する] をクリックします。その後、確認画面で [削除] をクリックすればOKです。

10 LINEのビジネス向けツール 「LINE WORKSフリープラン」を使う

ビジネス向けのコミュニケーションツールとしては、LINEが提供している「LINE WORKS」もあります。チャット、カレンダー、タスク管理などの機能を搭載し、テレワークにピッタリです。有料プランもありますが、基本的な機能を無料で利用できる「フリープラン」から試してみるといいでしょう。

10-1 LINE WORKSを導入する

「LINE WORKS」を会社で使う場合は、まず誰か一人が管理者としてアカウントを開設し、そこに他の人を招待して参加してもらいます。なお、「LINE WORKS」はアプリも用意されていますが、現状ではブラウザーからの方が使いやすくなっています。

アカウントを開設する

1 ブラウザーで「LINE WORKS」（https://line.worksmobile.com/jp/）にアクセスし、ページ下にある［無料で始める］をクリックします。

2 画面が切り替わるので、［管理者として新規開設］をクリックします。

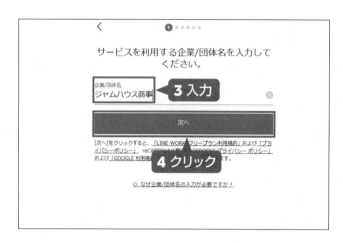

3 「サービスを利用する企業/団体名を入力してください」と表示されるので、企業もしくは団体名を入力します。

4 [次へ]をクリックします。

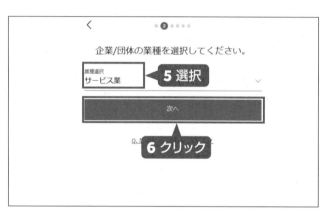

5 [業種選択] の下の部分をクリックし、自分の会社が該当する業種を選択します。

6 [次へ]をクリックします。

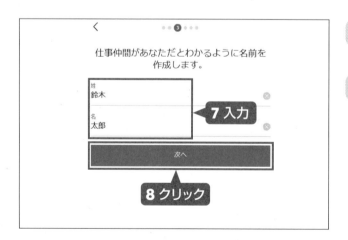

7 自分の姓名を入力します。

8 [次へ]をクリックします。

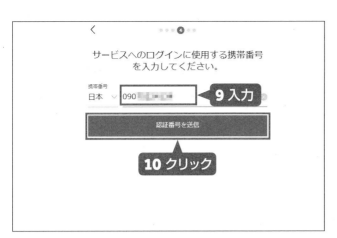

9 ログインに利用する携帯電話の電話番号を入力します。

10 ［認証番号を送信］をクリックします。

11 携帯電話のショートメッセージに4桁の認証番号が届くので、それを入力します。

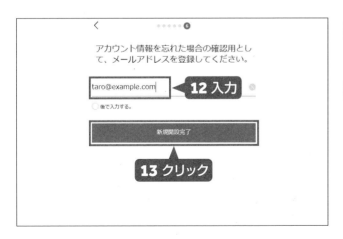

12 アカウントの確認に使うメールアドレスを入力します。

13 ［新規開設完了］をクリックします。

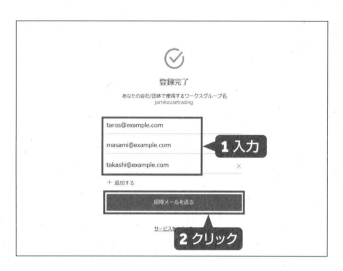

メンバーを招待する

1 アカウント開設後に「登録完了」という画面が表示されるので、ここで招待したい相手のメールアドレスを入力します。

2 [招待メールを送る] をクリックします。

3 招待された人は届いたメールにある[参加する]をクリックします。

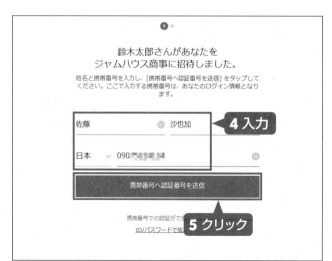

4 姓名と携帯電話番号を入力します。

5 [携帯番号へ認証番号を送信]をクリックします。その後、届いた認証番号を入力すると「LINE WORKS」へ参加できます。

10-2 トークでコミュニケーションをとる

　すべてのメンバーが参加したら、さっそくコミュニケーションをとってみましょう。「LINE WORKS」では、SNSの「LINE」と同様にトークでやり取りでき、スタンプやファイルの送受信も可能になっています。

トーク機能を利用する

1 画面上部でトークアイコンをクリックします。

2 [トークルーム作成]をクリックします。

3 [トークルーム]をクリックします。

4 「メンバー選択」画面でトークをしたい相手の名前にチェックを入れます。

5 [OK]をクリックします。

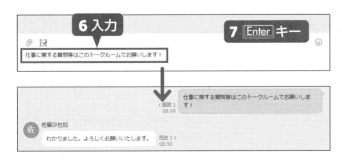

6 あとはトーク画面下部にある入力欄にメッセージを入力します。

7 Enterキーを押すとメッセージが送信されます。

スタンプを使う

1 「LINE WORKS」でスタンプを使うには、トークの入力欄右端にあるフェイスアイコンをクリックします。

2 スタンプの一覧が表示されるので、好きなものをクリックすると送信されます。

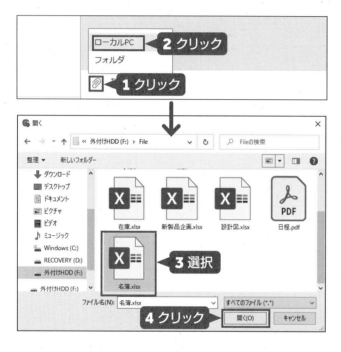

ファイルを送信する

1 ファイルを送信するには、トーク入力欄の左にあるクリップアイコンをクリックします。

2 パソコン内のファイルを添付する場合は、[ローカルPC]をクリックします。

3 表示されたダイアログで、送信したいファイルを選択します。

4 [開く]をクリックします。

5 ファイルが送信され、トーク画面上に反映されます。メンバーはクリックすると、ビューア画面で内容を表示できます。

10-3 メンバーとの予定を登録する

　「LINE WORKS」にはカレンダー機能もあり、スケジュールの登録や管理が可能です。個人的な予定はもちろん、他の参加メンバーとの予定も登録できます。追加されたメンバーは、その予定を承諾するか辞退するかを設定できます。

カレンダーに予定を登録する

1 画面上部でカレンダーアイコンをクリックします。

2 カレンダーから予定を登録したい日付を選択します。

3 [予定作成]をクリックします。

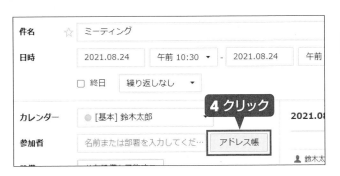

4 予定の登録画面が表示されるので、[参加者]の横にある[アドレス帳]をクリックします。

5 メンバーの一覧から、予定に参加してほしい相手の名前にチェックを入れます。

6 [OK]をクリックします。

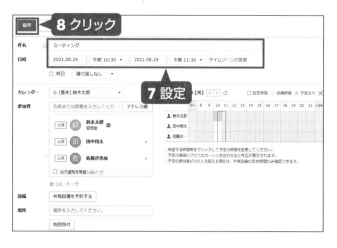

7 元の登録画面に戻るので、あとは予定の件名や開始・終了時刻、通知のタイミングなど、必要な項目を設定します。

8 [保存]をクリックします。

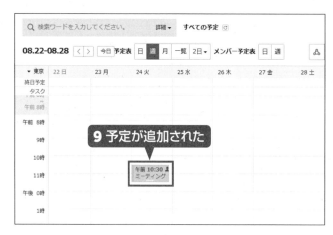

9 追加した予定は、カレンダー画面にラベルで表示されます。

10 登録されたメンバーのカレンダーにも予定が反映されるので、これをクリックします。

11 詳細が表示されるので、[回答]の中から、[承諾][辞退]などをクリックすればOKです。

目指せ脱ハンコ！
社内の決裁印を電子印鑑にする

テレワークで意外とネックになるのが印鑑の取り扱いです。せっかく在宅で仕事をしていても、決裁印を押すために、わざわざ出社するのは非効率の極みです。そこでおすすめしたいのが、「電子印鑑」の利用です。印影を画像データなどにデジタル化することで、OfficeファイルやPDFファイルに直接押すことができます。

11-1 そもそも「電子印鑑」とは？

　ひと口に「電子印鑑」といっても、含まれる情報などにより2種類の形式に分けられます。ひとつは、印影をデジタル化しただけのもの。もうひとつは、使用者の識別情報を含む法的に認められたものです。なお、本書では、前者の印影をデジタル化したシンプルな電子印鑑の作成と使い方を解説します。

●「電子印鑑」には2種類の形式がある

種類	一般的な電子印鑑	法的な電子印鑑
概要	PNG形式やPDF形式など、印影をデジタルデータ化したもの	印影データに使用者の識別情報が保存されているなど、「電子署名法」の要件を満たしたもの
用途	社内文書の決済印など	社内文書に加え、契約書などの社外文書にも使用できる

　本書で解説する一般的な電子印鑑は、容易に似せたものを作成できるため、社内文書の決済印や認印として利用する程度にとどめておくのが無難です。
　一方、法的な電子印鑑は手続きが面倒ですが、取引先が対応していれば契約書や請求書などにも使用できます。

● ペーパーレスでビジネスファイルに直接押印できる

　電子印鑑のメリットは、ペーパーレスのままファイルに押印できることです。印鑑を押すために、わざわざ出社する時間や手間から解放されます。

11-2 電子印鑑の印影を作成する

ここからは、実際に印影を作成して電子印鑑を使用する方法を解説していきます。まず、印影の作成には、「くいっくはんこ」という無料の Web サービスを利用します。名前を入力し、ボタンをクリックするだけで PNG 形式の画像としてダウンロードできます。

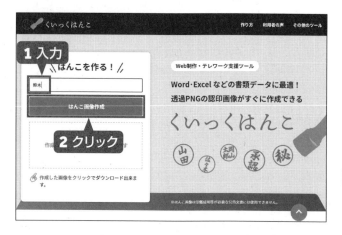

「くいっくはんこ」で印影を作成する

1 ブラウザー で「くいっくはんこ」（https://www.enetworks.jp/tools/stamp）にアクセスし、印影を作成したい文字を入力します。

2 [はんこ画像作成] をクリックします。

3 作成された印影画像が下に表示されるので、これをクリックします。

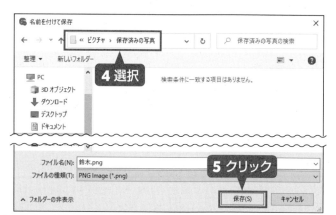

4 名前を付けて保存ダイアログが表示されるので、保存場所を選択します。

5 [保存] をクリックします。

11-3 Officeファイルに電子印鑑を押す

印影画像を保存したら、Office ファイルに押してみましょう。ここでは Microsoft Word を例に、印影を挿入して配置する手順を紹介します。

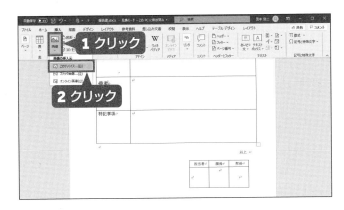

印影画像を挿入する

1 電子印鑑を押したいWordファイルを開き、[挿入] タブの [画像] をクリックします。

2 メニューから、[このデバイス] をクリックします。

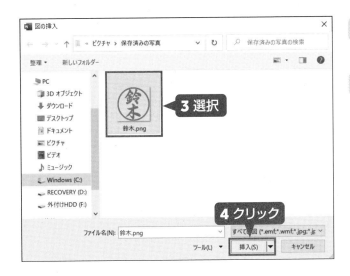

3 作成済みの印影画像を選択します。

4 [挿入]をクリックします。

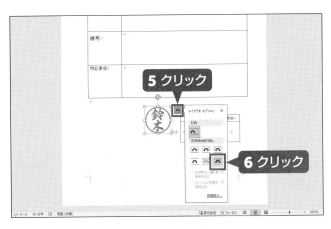

5 文書上に印影が取り込まれたら、右横にある [レイアウトオプション]のアイコンをクリックします。

6 [前面] のアイコンをクリックします。

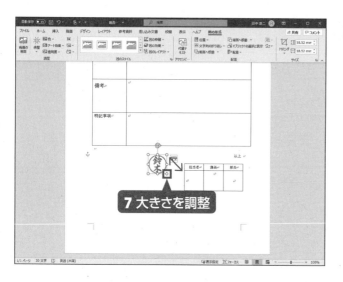

7 四隅のアンカーポイントのいずれ
かを斜め方向にドラッグし、印鑑
の大きさを調整します。

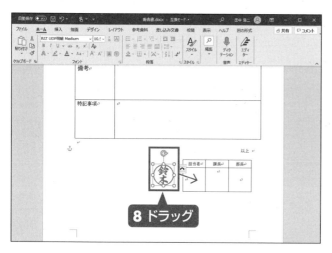

8 印影画像をドラッグして、印鑑を
押す箇所に配置します。

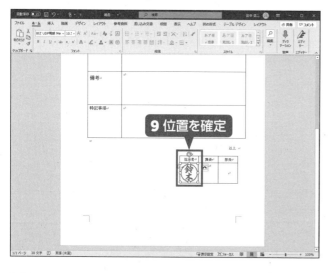

9 微調整し、問題なければ他の場所
をクリックして位置を確定すれば
OKです。

11-4 PDFファイルに電子印鑑を押す

　電子印鑑を PDF ファイルに押したい場合は、印影画像を PDF 形式に変換し、PDF 閲覧アプリの「Adobe Acrobat Reader DC」のスタンプとして登録します。なお、印影画像の変換には、「Convertio」という Web サービスを利用します。

印影画像をPDF形式に変換する

1 ブラウザーで「Convertio」の変換用ページ（https://convertio.co/ja/png-pdf/）にアクセスし、エクスプローラーから保存した印影画像をページ上へドラッグ＆ドロップします。

2 ファイルが読み込まれたら、右下の［変換］をクリックします。

3 PDFへの変換が完了したら、［ダウンロード］をクリックして保存します。

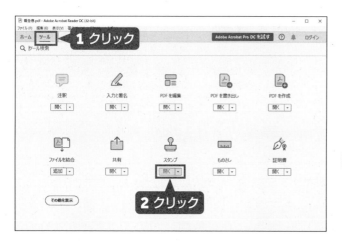

Adobe Acrobat Reader DCに登録する

1 押印したいPDFファイルをAdobe Acrobat Reader DCで開き、左上の[ツール]をクリックします。

2 [スタンプ]の[開く]をクリックします。

3 画面上部にスタンプメニューが表示されるので、[カスタムスタンプ]をクリックします。

4 表示された項目から[作成]をクリックします。

5 カスタムスタンプ用の設定画面の[参照]をクリックします。

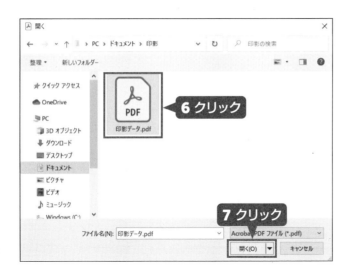

6 先ほど画像から変換した印影の
PDFを選択します。

7 [開く]をクリックします。

8 印影がスタンプ用に取り込まれた
ら、[OK]をクリックします。

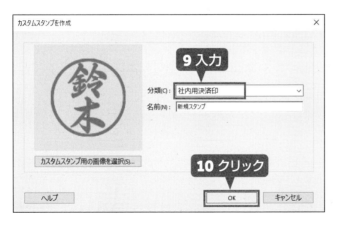

9 「カスタムスタンプを作成」 画面
が表示されるので、[分類]欄に適
当な印鑑の名称を入力します。

10 [OK] をクリックすれば、スタン
プの登録は完了です。

PDF書類に電子印鑑を押す

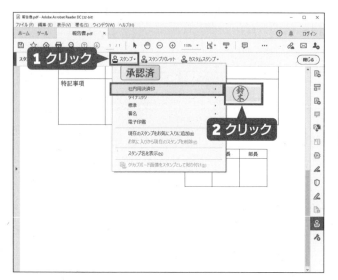

1 スタンプ登録が終わったら、画面上部の［スタンプ］をクリックします。

2 登録した分類名（ここでは［社内用決済印］）を選んで印影をクリックします。

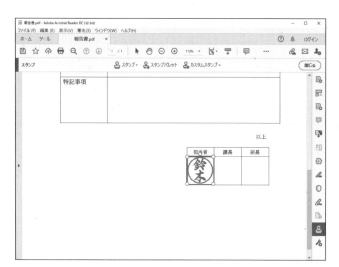

3 押印可能な状態になるので、好きな位置をクリックすると印影が挿入されます。

4 印影サイズは、四隅のアンカーポイントをドラッグして調整します。また、印影中央をドラッグすると位置を移動できるので、微調整して正確な位置に確定しましょう。

新しい働き方の教科書②
法律のプロが教える脱ハンコの進め方

本書の関連書籍のご紹介です。
『法律のプロが教える脱ハンコの進め方』では、法律のプロ、弁護士が法律に則った脱ハンコの進め方を解説しています。脱ハンコのメリット・デメリット、脱ハンコが可能な書類は何か、どんなツールが必要かについて、具体的に説明しています。
【著者】弁護士法人戸田総合法律事務所
【定価】1,650円（本体1,500円＋税10%）

12 サクサクはかどる！ テレワークに活用したい時短テクニック

テレワークで心がけたいのが、パソコン操作の時短です。設定や手順を見直すことで、操作の手間を大幅に省くことができ、業務の効率化に役立ちます。ここでは、パソコン時短の代表的なテクニックを紹介しますので、ぜひ活用してください。

12-1 パソコンの起動時間を早くする

　まずは、「スタートアップ」を見直しましょう。スタートアップとは、Windows起動時に自動で立ち上がるアプリのことです。不要なスタートアップをオフにすると、起動時間が早くなります。また、今後使わないアプリはアンインストールしておきましょう。

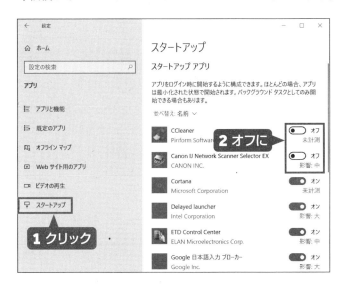

不要なスタートアップを
オフにする

1 Windowsの［設定］→［アプリ］→［スタートアップ］をクリックします。

2 スタートアップのリストから、自動起動したくないアプリのスイッチをオフにします。

不要なアプリを削除する

1 Windowsの［設定］→［アプリ］→［アプリと機能］をクリックします。

2 不要なアプリを選択し、［アンインストール］をクリックします。

12-2 サインインの手間を簡単にする

　パソコンのサインイン時には、パスワードの入力が必要になりますが、設定を変更して「PIN」を利用すれば4桁番号だけで済みます。また、パソコンが対応していれば、顔認証や指紋認証も利用できます。

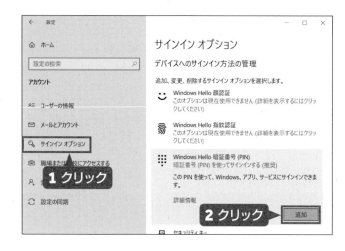

サインイン方式を「PIN」に変更する

1 Windowsの［設定］→［アカウント］→［サインインオプション］をクリックします。

2 Windows Hello認証番号（PIN）を選択し、［追加］をクリックします。

3 「PINを作成します」画面が表示されるので、［次へ］をクリックします。

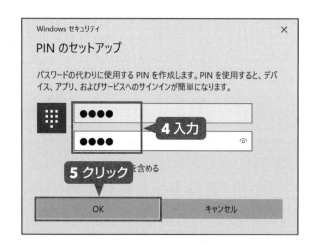

4 まず、現在利用しているサインインのパスワードを入力し、その後表示される「PINのセットアップ」画面でPINに利用する任意の4桁番号を入力します。

5 ［OK］をクリックします。

12-3 パスワード入力を省いて自動サインインする

サインイン自体が面倒な場合は、パスワード入力を省いて自動サインインを設定することもできます。手間いらずでサインインできるのがメリットですが、パスワードが不要になるため、第三者に勝手に利用される危険もあります。利用シーンには、細心の注意を払いましょう。

自動サインインの設定に変更する

1 デスクトップ左下の検索欄に「netplwiz」と入力します。

2 検索結果に表示された [netplwiz] をクリックします。

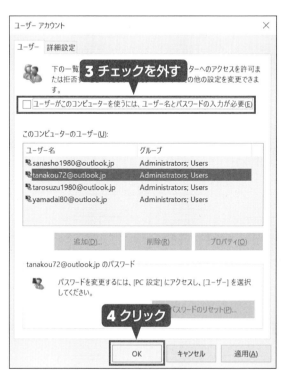

3 [ユーザーがこのコンピューターを使うには〜] のチェックボックスをクリックして、チェックを外します。

4 [OK]をクリックします。

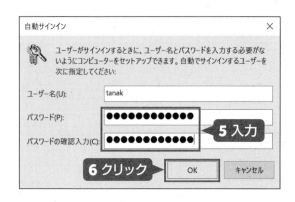

5 [パスワード] と [パスワードの確認入力] に現在のサインインパスワードを入力します。

6 [OK]をクリックします。

12-4 シャットダウンをもっと簡単に行う

パソコンのシャットダウンを簡単にしたい場合は、ショートカットを利用しましょう。デスクトップに置いたアイコンをダブルクリックするだけでシャットダウンを実行できるため、手間がかかりません。

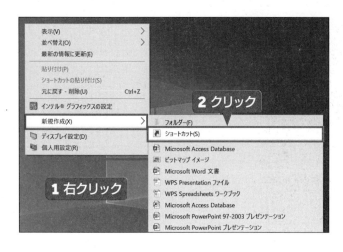

シャットダウン用の ショートカットを作成する

1 デスクトップ上を右クリックします。

2 メニューから [新規作成]→[ショートカット]をクリックします。

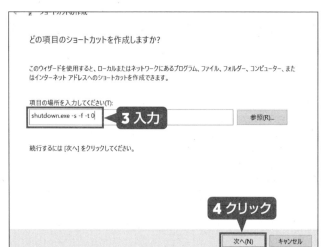

3 [項目の場所を入力してください] 欄に「shutdown.exe -s -f -t 0」と入力します。

4 [次へ] をクリックします。その後に表示された画面で適当なショートカット名を入力し、[完了] をクリックします。

5 ショートカットが作成されました。これをダブルクリックすればシャットダウンを実行できます。

12-5 ノートPCのカバーを閉じるだけで自動シャットダウンを行う

ノートPCを利用している場合は、電源のオプションを変更することで、カバーを閉じるだけで自動的にシャットダウンを実行できます。操作の手間が一切なくなるので非常に便利です。

カバーを閉じて シャットダウンを実行する

1 Windowsの [設定] → [システム] → [電源とスリープ] をクリックします。

2 画面右側を下にスクロールし、[電源の追加設定]をクリックします。

3 画面左側の [カバーを閉じたときの動作の選択]をクリックします。

4 ［カバーを閉じたときの動作］で、［バッテリ駆動］と［電源に接続］の双方で［シャットダウン］を選択します。

5 ［変更の保存］をクリックします。

12-6 ▶ 慣用句や挨拶文をラクラク入力する

　テレワークでは、ビジネスならではの時候の挨拶や慣用句なども多用します。これらを簡単に入力するには、単語登録を利用するのが便利です。長い文章も瞬時に呼び出して、すばやく入力できます。

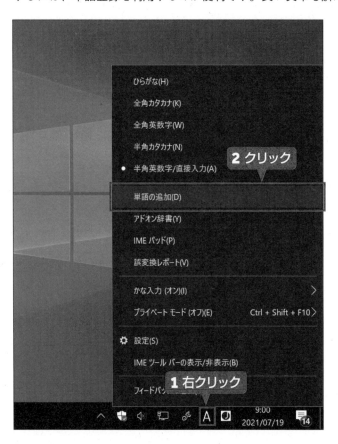

単語を登録する

1 タスクバーの通知領域のIMEアイコンを右クリックします。

2 ［単語の追加］をクリックします。

3 [単語] 欄に、登録したい文章や慣用句を入力します。続いて、[よみ] 欄に入力したいときに使う読みを入力します。

4 [登録]をクリックします。

12-7 文字種の変換はキー操作で効率的に行う

文字の種類をすばやく変換したいときは、 [F6] ～ [F10] までのキーを使うと便利です。ひらがな、全角カタカナ、半角カタカナ、全角アルファベット、半角アルファベットに一発で変換できます。一方、漢字を誤変換した場合は、 [変換] キーを使えばすばやく修正できます。

じゃむはうす ◀ **1** [F6] キー

ジャムハウス ◀ **2** [F7] キー

ｼﾞｬﾑﾊｳｽ ◀ **3** [F8] キー

ｊａｍｕｈａｕｓｕ ◀ **4** [F9] キー

jamuhausu ◀ **5** [F10] キー

文字の種類を変換する

1 入力した文字の確定前に [F6] キーを押すと、ひらがなに変換できます。

2 [F7] キーを押すと、全角カタカナに変換できます。

3 [F8] キーを押すと、半角カタカナに変換できます。

4 [F9] キーを押すと、全角アルファベットに変換できます。

5 [F10] キーを押すと、半角アルファベットに変換できます。

誤変換した箇所を修正する

1 誤変換した部分をマウスでドラッグして選択します。

2 変換 キーを押します。

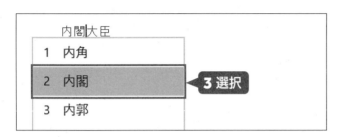

3 入力候補が表示されるので、正しい漢字を選択すれば修正できます。

よく使うアプリはタスクバーに登録する

　頻繁に利用するアプリがある場合は、タスクバーに登録しておきましょう。アイコンをワンクリックするだけで、すばやくアプリを起動できるようになります。

アプリをタスクバーに登録する

1 スタートメニューのアプリ一覧から、登録したいアプリを右クリックします。

2 [その他]→[タスクバーにピン留めする]をクリックします。

> **MEMO**
> アプリをタスクバーにドラッグ＆ドロップしても登録できます。

3 タスクバーにアイコンが登録されるので、これをクリックすればアプリが起動されます。

アプリの登録を解除する

1 タスクバーのアイコンを右クリックします。

2 [タスクバーからピン留めを外す]をクリックします。

12-9 ## ウィンドウをサクサク切り替える

　複数のウィンドウの切り替えをすばやく行うには、[Alt] + [Tab] キーを使います。起動中のウィンドウがサムネイルで一覧表示され、簡単に切り替えできます。また、ウィンドウを最小化する場合も、一括で行う方法があるので覚えておきましょう。

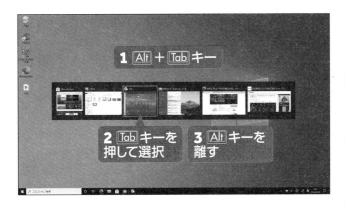

一覧からウィンドウを切り替える

1 [Alt]+[Tab]キーを押します。

2 そのまま[Tab]キーを押すたびに、選択先が変わるので、切り替えたいウィンドウを選択します。

3 [Alt]キーを離すと、選択したウィンドウがアクティブになります。

複数のウィンドウを一括で最小化する

1 [田]+[D]キーを押します。

2 開いていたすべてのウィンドウが
最小化されました。

MEMO

最小化した直後に再び ⊞ ＋ D キーを
押せば、元のウィンドウの状態に復元さ
れます。

12-10 仮想デスクトップで画面を効率的に使う

　ノートタイプなど、画面サイズが小さいパソコンを使っている場合は、複数のアプリを起動すると
狭苦しく感じます。そんなときは、仮想デスクトップ機能を使ってみましょう。複数のデスクトップ
を用途ごとに使い分けられるので、効率的に作業できます。

仮想デスクトップを作成する

1 タスクバーから［タスクビュー］
アイコンをクリックします。

2 ［新しいデスクトップ］をクリッ
クすると、仮想デスクトップが作
成されます。なお、作成できる仮想デス
クトップの数に上限はありません。

3 起動中のウィンドウを仮想デスク
トップへドラッグ＆ドロップし
ます。

4 ドラッグ＆ドロップしたウィンドウが仮想デスクトップへ移動しました。なお、⊞＋[Ctrl]＋[←]or[→]キーを押すと、デスクトップを切り替えられます。

4 ⊞ ＋ [Ctrl] ＋ [←] or [→] キーで移動

12-11　メールの既定のフォントを設定する

　Windows 10 標準のメールアプリでは、フォントの種類は游ゴシック、サイズは 10.5 ポイントが初期設定となっています。メール作成時にそのつど別のフォントやサイズに変更できますが、いつも利用するものが決まっているなら、「既定のフォント」として設定しておくと、変更する手間が省けます。

1 クリック

既定のフォントを設定する

1 メールアプリを起動し、左下の[歯車]アイコンをクリックします。

2 クリック

2 右側のメニューから[既定のフォント]をクリックします。

既定のフォントを変更したいメー
ルアカウントを選択します。

4 既定として設定したいフォントの
種類とサイズを選択します。

5 [保存]をクリックします。

12-12 デスクトップはスッキリ整理する

テレワークで自宅のパソコンを利用している場合は、仕事用とプライベート用のファイルが混在し
て、デスクトップが散らかりやすくなります。デスクトップには必要最小限のショートカットだけを
置き、配置場所を区分けするなどしてスッキリ整理しましょう。

本体ではなく
ショートカットを置く

1 デスクトップにはファイルやフォル
ダーの本体ではなく、ショートカット
を置くのが基本です。なおかつ、必要最
小限のものだけにとどめましょう。

配置場所を区分けする

1 デスクトップの自動整列機能はオフ
にした方が便利になります。まず
は、デスクトップ上を右クリックします。

2 メニューの[表示]→[アイコンの
自動整列]をクリックしてチェッ
クを外しましょう。

3 アイコンが勝手に整列しなくなるので、好きな位置にショートカットを配置できます。この例では、左側によく使う仕事用のデータを、右側にプライベートのデータを並べて整理しています。

12-13 ファイル名は日付を優先して付ける

　やみくもにファイル名を付けていると、いざというときに大切なデータが見つかりにくくなってしまいます。仕事用のファイルは、必ず作成日を起点にファイル名を付けましょう。例えば、「20210728_企画提案_鈴木様」というように、内容や担当者などもわかるようにしておくと管理しやすくなります。

ファイル名は日付優先でわかりやすく命名する

1 仕事用のファイルの整理は、仕事の種類別や取引先別にフォルダーを作成して分類するのがおすすめです。ファイル名は、「作成日・内容・担当者」の流れで命名するとわかりやすくなります。各要素は「_」(アンダースコア)でつなぐのが定番です。

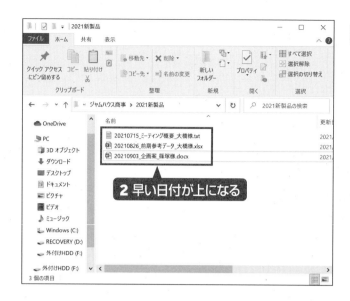

2 作成日は「20210728」のように4桁の西暦と日にちを続けて表記します。日付が若いファイルが上に表示され、ファイル探しが楽になります。

2 早い日付が上になる

ファイル名に使えない文字

　ファイル名には、「¥」「/」「:」など、一部の文字が使えないルールになっています。これらの文字を使おうとするとエラーが表示されるので、その場合は他の文字に変更してください。

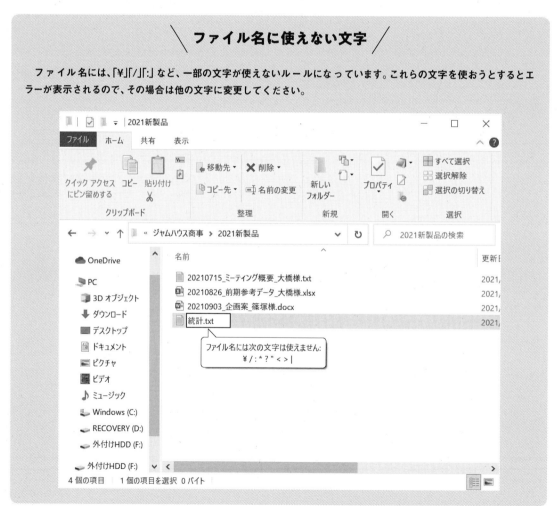

ファイル名には次の文字は使えません:
¥ / : * ? " < > |

13

予算があれば使いたい！テレワークに役立つ有料サービス

テレワークの基本的な業務に関しては、無料のツールやサービスで十分にカバーできるでしょう。もし予算にゆとりがあれば、有料サービスを利用することで、より快適な環境が実現できます。ここでは、テレワークの業務効率化に役立つ便利なサービスを紹介しますので、参考にしてください。

13-1 かかってきた電話を別の番号で受けられる「電話転送サービス」

　テレワーク導入の際は、取引先などに担当者の自宅や携帯電話番号を連絡先として伝える必要があります。しかし、個人情報保護の観点から好ましくない場合もあるでしょう。そこで便利なのが、会社の番号にかかってきた電話を別の電話に転送できるサービスです。

●「ボイスワープ」（NTT東日本・西日本）
https://web116.jp/shop/benri/vw/vw_00.html

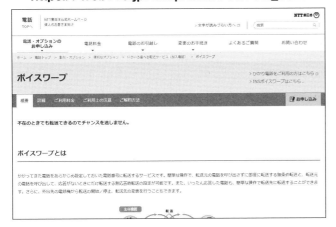

月額利用料：550円（住宅用） ／ 880円（事務用）

かかってきた電話をあらかじめ設定しておいた電話番号に転送できます。転送元の電話を即座に転送する無条件転送と、応答がないときだけ転送する無応答時転送に対応。機種が対応していればFAX転送も可能です。

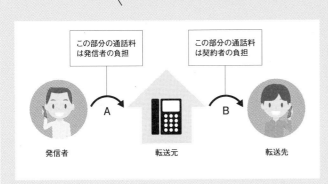

転送元から転送先までの通話料は契約者負担

この部分の通話料は発信者の負担　　A

この部分の通話料は契約者の負担　　B

発信者　　転送元　　転送先

　ボイスワープなどの電話転送サービスでは、月額利用料とは別に、転送元から転送先への通話料がかかります。長時間電話でやり取りする場合は、出費がかさむ可能性があるので注意しましょう。

第**2**章

ツール活用で実践するテレワーク

　業種によっては、電話業務専用の部署を設けている企業もあるでしょう。このような場合は、「クラウドPBX」と呼ばれるサービスを利用すると、離れた場所からも内線や外線の取り次ぎ、転送などがトータルで可能になります。

●「ひかりクラウドPBX」（NTT東日本・西日本）
https://business.ntt-east.co.jp/service/pbx/

月額利用料：1万1000円〜

社内外との通話機能をクラウド上のサーバーから提供するサービス。専用アプリをインストールすることで、スマホを内線化することや、自宅や外出先から会社の電話番号で受発信できるようになるのが特徴です。

●「Arcstar Smart PBX」（NTTコミュニケーションズ）
https://www.ntt.com/business/services/voice-video/voip/smartpbx.html

月額利用料：5500円（契約基本料）／550円（ID利用料）

スマホやパソコンなど、多様なデバイスで利用場所を問わずに無料で内線電話を利用できます。「Arcstar IP Voice」などの外線サービスを組み合わせれば、ビジネス専用の050番号で外線の発着信も可能です。

●「BIZTEL コールセンター」（リンク）
https://biztel.jp/cs/

月額利用料：8万9100円〜

その名のとおり、コールセンターを丸ごとクラウド化できるサービス。オペレーターの在宅勤務を実現できるのがメリットです。オプションで、ファイアウォール・ディスク暗号化等の高セキュリティにも対応できます。

13-3　FAXをペーパーレス化できる「インターネット FAX」

　テレワークはペーパーレスが基本です。しかし、どうしても FAX を使いたい場合は、「インターネット FAX」という方法もあります。インターネットを通じてパソコンやスマホで FAX の送受信ができるので、紙やインクが不要になります。

●「eFax」（j2 Global Japan）
https://www.efax.co.jp/

月額利用料：1980円〜（※お得な年払いもあり）

専用番号を取得して、インターネットでFAXの送受信ができます。メールやアプリから送受信でき、月額利用料だけで毎月最大150ページまで送受信無料。それ以降は、1ページにつき11円（国内）かかります。

●「MOVFAX」（日本テレネット）
https://movfax.jp/

月額利用料：1078円〜

登録最短90秒で専用のFAX番号を発行し、すぐに使うことができます。月額料金だけで、最大1000枚まで受信無料のコスパの良さが特徴です。また、イメージ編集や検索機能も標準で備えています。

●「メッセージプラス」（アクセルコミュニケーションズ）
https://www.messageplus.jp/

月額利用料：1045円〜（※お得な年払いもあり）

FAXの受信はすべて無料で、送信時に1枚16円の料金がかかります。送受信はパソコンのブラウザーや、スマホアプリから行えます。また、届いたFAXを手書き加工できる機能なども利用できます。

　契約書などの対外文書でも電子印鑑を利用するには法的な要件を満たす必要があります。脱ハンコを本格的に目指すなら、法律に基づいた電子契約サービスを利用しましょう。郵送代・紙代・インク代はもちろん、印紙代の削減にもつながります。

●「クラウドサイン」（弁護士ドットコム）
https://www.cloudsign.jp/

月額利用料：1万1000円〜

日本の法律に特化した弁護士監修の電子契約サービスを提供。多数の大手企業などが導入するなど、実績も信頼性も抜群です。本人確認は、メール認証に加え、2段階・2要素も用いて安全性を確保しています。

●「電子印鑑GMOサイン」（GMOグローバルサイン）
https://www.gmosign.com/

月額利用料：9680円〜

契約の当事者全員がクラウド上で署名できる完全オンライン締結に対応し、スマホやタブレットによる手書きサインも可能です。差込文書一括送信機能により、契約業務の効率化を図れるのも特徴です。

●「Adobe Sign」（アドビ）
https://acrobat.adobe.com/jp/ja/sign.html

月額利用料：4270円〜

「Adobe Acrobat」などでおなじみのアドビが提供する電子サインサービス。手書きによる署名に加え、印影の画像ファイルを埋め込む方式も利用できます。署名文書は、日本国内のデータセンターで安全に処理・管理されます。

どうやって
守る
セキュリティ？

安全なテレワークに欠かせない
セキュリティ対策とは？

安全にテレワークを実施するためには、セキュリティ対策が欠かせません。ただし、セキュリティ製品を導入しても、それだけで安全性を確保することは困難です。ここでは、中小企業がテレワークを実施するうえで、ぜひ知っておきたいセキュリティの考え方、実施すべき取り組みについて紹介します。

1-1　狙われているテレワーク環境

　情報処理推進機構（IPA）は、日本のIT国家戦略を技術面・人材面から支えるために設立された経済産業省所轄の独立行政法人です。IT人材の育成やIT調査、セキュリティの啓蒙など、さまざまな活動をしています。毎年、そのIPAが発表しているデータに「情報セキュリティ10大脅威」があります。

　これは、その年に特徴的だった情報セキュリティ上の脅威を、トップ10形式で発表するものです。一般の個人を対象とした「個人編」と、企業を対象とした「組織編」に分かれています。ここで、2020年度の脅威で組織編3位にいきなりランクインしたのが、「テレワーク等のニューノーマルな働き方を狙った攻撃」でした。

　「ランサムウェアによる被害（1位）」や「標的型攻撃による機密情報の窃取（2位）」など、順位は変動するものの、毎年ランクインする脅威が多い中、いきなり初登場で3位というのはかなり珍しいことです。いうまでもなく、これは新型コロナウイルス対策として、テレワークが急拡大したことが関係しています。

情報処理推進機構（IPA）のホームページ
（https://www.ipa.go.jp/）

IPAが発表した「情報セキュリティ 10 大脅威 2021」

昨年順位	個 人	順位	組 織	昨年順位
1位	スマホ決済の不正利用	1位	ランサムウェアによる被害	5位
2位	フィッシングによる個人情報等の詐取	2位	標的型攻撃による機密情報の窃取	1位
7位	ネット上の誹謗・中傷・デマ	3位	テレワーク等のニューノーマルな働き方を狙った攻撃	NEW
5位	メールやSMS等を使った脅迫・詐欺の手口による金銭要求	4位	サプライチェーンの弱点を悪用した攻撃	4位
3位	クレジットカード情報の不正利用	5位	ビジネスメール詐欺による金銭被害	3位
4位	インターネットバンキングの不正利用	6位	内部不正による情報漏えい	2位
10位	インターネット上のサービスからの個人情報の窃取	7位	予期せぬIT基盤の障害に伴う業務停止	6位
9位	偽警告によるインターネット詐欺	8位	インターネット上のサービスへの不正ログイン	16位
6位	不正アプリによるスマートフォン利用者への被害	9位	不注意による情報漏えい等の被害	7位
8位	インターネット上のサービスへの不正ログイン	10位	脆弱性対策情報の公開に伴う悪用増加	14位

1-2 　崩壊した従来の“境界型”セキュリティ対策

　もともと、企業のオフィスは物理的に安全性の高い場所です。同じ空間に従業員が集まって働いているので、不審な人が入ってきたらすぐに判かります。パソコンなどの電子機器も、オフィスという空間内に設置されているので、簡単に持ち出すことはできません。

　さらに、オフィス内の電子機器は、社内ネットワーク内で管理されています。通常、社内ネットワークとインターネットの境界には、「ファイアウォール」という機器が設置され、すべての通信はこのファイアウォールを経由する仕組みになっています。従って、ファイアウォールで不審な通信を検知し、防御すれば、外部からのサイバー攻撃も防ぐことができるわけです。

　このように、社内ネットワークとインターネットの境界にファイアウォールのような機器を置き、セキュリティを担保する考え方を「境界型のセキュリティ対策」と呼びます。オフィスを城だとすれば、城の中に大切なものを置き、周囲に高い壁や深い堀を築いて外部からの侵入を防ぐという考え方です。

　ところがテレワークが広がったことで、「境界型のセキュリティ対策」は崩壊してしまいました。いくら高い壁や深い堀で城を守っても、肝心の人や電子機器が城の外に出て行ってしまったからです。

　企業にとって守るべき対象は、顧客情報や製品の設計図などのさまざまな情報（情報資産）です。これまで、こうした情報を城の中で厳重に管理していたのに、人とパソコンなどの電子機器が城の外に出たことで、従来の方法では守れなくなったのです。

　そして、こうした状況を大いに歓迎したのがサイバー攻撃者達です。高い壁や深い堀で守られていた城から、人やパソコンが無防備な状態で外に出てきたのですから、攻撃者達にとってこんなに嬉しいことはありません。

　IPA の「情報セキュリティ10 大脅威」で、「テレワーク等のニューノーマルな働き方を狙った攻撃」がいきなり３位に入ったのには、このような背景があるのです。

どうする？ 大切なのは「ルール」「人」「技術」のバランス

　では、企業はテレワーク環境のセキュリティをどうやって担保すればよいのでしょうか。今までのやり方が通用しないと聞くと、「テレワーク対応！」というキャッチコピーの付いたセキュリティ製品を急いで購入したり、不安になってテレワークをやめてしまったりしがちです。

　しかし、コロナ対策だけでなく、働き方改革の観点からも、これからの企業にテレワークは不可欠です。従って、せっかく始めたテレワークを中止するのは、時代に逆行する行為です。また、新しいセキュリティ製品を購入しても、それだけではセキュリティを担保することはできません。

　このように、テレワークのセキュリティ対策で悩んでいる中小企業向けに、総務省は「テレワークセキュリティガイドライン」という冊子を公開しています。そこで強調されているのが、「ルール」「人」「技術」のバランスです。

● ルール～安全な仕事のやり方を決める

　ビジネスでは、日々、さまざまな業務が行われています。その1つ1つについて、「これは安全だろうか」「情報が漏れる心配はないだろうか」と考えていたら、仕事になりません。

　そこで、「こうやって仕事をすれば安全を確保できる」という仕事のやり方をルールとして決めておくのです。そうすれば、従業員はルールを意識するだけで、安全に仕事ができるようになります。

　たとえば、「テレワーク中はUSBメモリを使わない」といったルールを決めておけば、USBメモリによる情報漏洩やウイルス感染を防ぐことができるはずです。

● 人～ルールを理解して守ってもらう

　ルールを決めたら、従業員にそのルールを守ってもらう必要があります。そのためには、なぜルールが必要なのかを理解してもらうことが重要であり、理解するためには、情報セキュリティについて学ぶことも大切になります。

　ただし、人は何らかのメリットがないと、自ら学ぼうとはしないものです。従って、ルールを守ることが最終的に自分のメリットになる、ということを理解してもらうことが大切です。場合によっては、ルールを守ることに何らかのインセンティブを設けても良いでしょう。

　総務省の「テレワークセキュリティガイドライン」では、この「人」の部分が最も難しいと強調しています。それだけに、各企業が最も工夫すべきポイントだともいえるでしょう。

● 技術～ルール、人で対応できない部分を補完する

　「技術」は「ルール」や「人」で対応できない部分を補うものです。さまざまなセキュリティ製品が発売されていますが、こうした製品を導入するだけではセキュリティを担保することはできません。ときどき「高価なセキュリティ製品を入れたからもう大丈夫」と安心してしまう方がいますが、それはとても危険なことです。

　以上、「ルール」「人」「技術」の3つについて説明しましたが、最も重要なことは、この3つのバランスです。セキュリティ対策では、「最も弱いところが全体のセキュリティレベルになる」という性質があります。

たとえば、ルールが厳格（10点）かつ高機能なセキュリティ製品を導入（10点）していても、従業員があまりルールを守っていなければ（3点）、全体のセキュリティレベルは3点です。

先ほど「高価なセキュリティ製品を入れたからもう大丈夫」と考えることが危険だと述べましたが、それは製品（技術）を導入することで、「ルール」や「人」の部分がおろそかになりがちだからです。

最も重要なのは「ルール」「人」「技術」のバランス

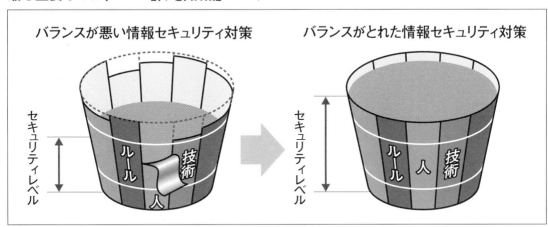

（出典：総務省「テレワークセキュリティガイドライン 第4版」）

1-4 経営者、システム管理者、テレワーク勤務者それぞれの役割

セキュリティ対策は、「経営者」「システム管理者」「テレワーク勤務者」のそれぞれの立場で異なります。なお、中小企業では、専任のシステム管理者がいないケースがほとんどです。その場合は、システム管理の業務を担当する方が、後で示すシステム管理者の役割を担うことになります。

● 経営者

もし、情報漏えいなどの事件・事故が起こったら、最も被害を受けるのが経営者自身です。従って、経営者はセキュリティ対策全体に、最も責任を持つ立場にあります。

その上で、経営者は経営者にしかできないことに取り組むことが必要です。まず、ルール作りの推進です。作ったルールが自らの会社を守ることになります。さらに、「人」と「技術」面で必要な人材・費用を確保することも重要な仕事になります。

また、システム管理者には現場での負荷が集中しがちになるので、システム管理者とのコミュニケーションを密にして、何かあればすぐに支援することも必要です。ちなみに、最もやってはいけないことは、「自分はITのことが分からないから」と、システム管理者などの特定の人物にセキュリティ対策を丸投げすることでしょう。

MEMO

経営者向けのサイバーセキュリティの情報としては、経済産業省の「サイバーセキュリティ経営ガイドライン」（https://www.meti.go.jp/policy/netsecurity/mng_guide.html）も参考になります。

● システム管理者

システム管理者の仕事は、自宅から社内にアクセスできる環境の準備、テレワーク用端末の整備、従業員からの問い合わせの対応、トラブルの対応、従業員のセキュリティ教育の実施など多岐に渡ります。ルールを決めて実際に運用が始まると、システム管理者に負荷が集中するので、経営層と相談して、必要であれば他の人の支援を受けられるようにしておくことも重要です。

● テレワーク勤務者

テレワークを実施する従業員は、定められたルールを守ることが求められます。特に、テレワーク中はシステム管理者などの IT に詳しい人に気軽に相談できません。このため、一人ひとりの情報リテラシーが企業全体のセキュリティにより強く影響します。

まずは、しっかりとルールを守り、少しでも不審に思ったら、少々手間でも詳しい人に相談しましょう。企業側も、相談できる仕組みを用意しておくことが求められます。さらに、セキュリティの研修などにも積極的に参加し、自らの情報リテラシーを少しでも高めることが大切です。それが、自らを守り、企業を守ることにもつながります。

従業員のセキュリティ教育におすすめ「情報セキュリティ理解度チェック」

従業員のセキュリティ教育には、NPO日本ネットワークセキュリティ協会が運営する「情報セキュリティ理解度チェック」がおすすめです。電子メールやウイルス、パスワード管理などの情報セキュリティの基本的な知識を無料でチェックすることができます。

情報セキュリティ理解度チェックのWebサイト
（https://slb.jnsa.org/eslb/）

中小企業に最適！「SECURITY ACTION」から始めよう

　情報処理推進機構（IPA）は、中小企業のセキュリティ対策を支援するために「SECURITY ACTION」という制度を運用しています。これは、IPAが公開している「中小企業の情報セキュリティ対策ガイドライン」の取り組みを行うことで、「SECURITY ACTION」のロゴマークを自社サイトに掲載できるものです。ロゴマークは、1つ星（★）と2つ星（★★）の2種類が用意されています。

・情報セキュリティ5か条に取り組む……1つ星（★）
・自社診断シートに基づくセキュリティポリシーの策定・公開……2つ星（★★）

　あくまで自己申告に基づいた制度ですが、じっくりと取り組むことで、自社のセキュリティへの取り組みをアピールすることにつながります。また、申請すると、自己宣言事業者として登録され、IPAのサイトで検索できるようになります。

　なお、中小企業のIT導入を支援するIT導入補助金制度がありますが、2021年度から、IT導入補助金を申請するには、「SECURITY ACTION」の1つ星（★）または2つ星（★★）のいずれかを宣言していることが条件となっています。

情報処理推進機構（IPA）が運営する「SECURITY ACTION」
のWebサイト
（https://www.ipa.go.jp/security/security-action/）

自己宣言事業者の検索サイト
（https://security-shien.ipa.go.jp/security/search/index.
html）

2 テレワークのトラブル事例と対策

テレワークを始めるとさまざまな問題が起こります。ここでは、テレワーク中に起こり得るトラブルを挙げて、その原因と対策について説明します。あらかじめ目を通しておけば、事前に対策をとることもできますし、問題が起きたときに慌てないですむと思います。

事例1 セキュリティ教育と緊急時の連絡先

自宅でテレワーク中、不審なメールを受け取った。メール本文のリンクをクリックしたら奇妙なメッセージが表示されたが、すぐに消えた。その後も特に問題は起きなかったので、そのまま作業を進めた。

● 原因と対策

オフィスで仕事をしている場合は、受信メールのリンクをクリックして奇妙なメッセージが表示されたら、隣の人に「何か表示されたんだけど…」と話しかけられます。隣の人も「おかしいね」となったら、さらに IT に詳しい人に聞いて、対応を相談することもできます。

ところが、テレワーク中はそれができません。怪しいメッセージが表示されても、すぐに消えてしまったら「まぁ、大丈夫だろう」と考えて、そのまま無視してしまう可能性が高いのではないでしょうか。

しかし、その時すでにパソコンがウイルスに感染し、メールソフトのアドレス帳のアドレスに、ウイルス付きのメールを勝手に送信しているかもしれないのです。

こうした最悪の事態を防ぐには、114 ページで紹介した「ルール」「人」「技術」のすべての対策が必要になります。

まず、「ルール」では、不審な動きを体験したときにどうするかを決めておくことが大切です。たとえば、すぐに IT に詳しい担当者に電話で確認するといったルールです。ルールを徹底するために、連絡先を書いたカードを従業員全員に配布しておくことも有効でしょう。

「人」の観点では、セキュリティ教育が必要です。IT やセキュリティに対する知識があれば、表示されたメッセージが危険か危険でないかを、ある程度推測できるようになります。また、そもそもセキュリティの意識が高ければ、メール本文のリンクをクリックしないでしょう。もちろん、効果が出るまでには時間がかかります。しかし、従業員のセキュリティ教育を定期的に実施することは、長い目で見ると、最も有効なセキュリティ対策になるといえます。

「技術」の観点では、フィッシングメールを遮断するツール、ウイルス対策ソフトの導入などが考えられます。ただし、こうしたツールだけで事件・事故を防ぐことはできません。あくまで大切なのは、「ルール」「人」「技術」のバランスです。

● 推奨される対策

・不審を感じたらすぐに相談できる仕組みを作る。
・緊急時の連絡先を徹底する。連絡先を記したカードを配布する。
・怪しいメールは開かないといった、日頃からのセキュリティ教育を実施する。

社内SNS、チャットツールの活用

　ウイルスなどのマルウェア（malicious software（悪意があるソフトウェア）の略語）の侵入経路として、いまだにメールが高い割合を占めています。また、迷惑メールのように、ビジネスとは関係のないメールも多数届くため、仕事の妨げになっているケースも少なくありません。

チャットツールのSlack

　そこで、企業によっては社員同士のコミュニケーションに「社内SNS」や「チャットツール」を使うケースが増えています。LINE や Facebook などの SNS、Slack などのチャットツールを使うことで、安全性を高めるとともに、テレワークにおけるコミュニケーション不足の解決にもつながります。

　なお、利用するのであれば、一般消費者向けのツールではなく、セキュリティ機能が用意された企業向けツールの活用をおすすめします。

事例2　マルウェア対策

> オフィスで使っているパソコンを自宅に持ち帰って作業中、情報収集のために海外のWebサイトを閲覧した。その後、広告のウィンドウが何度も表示されるようになり、作業効率が著しく低下した。

● 原因と対策

　Web サイトの中には、Web ブラウザーで閲覧するだけでマルウェアをインストールしようとするものがあります。最新の Web ブラウザーであれば、危険な Web サイトへのアクセスを禁止する機能が標準で用意されているので、ある程度は防ぐことができます。ただし、すべての危険な Web サイトをブロックすることはできません。

　もし、初めてアクセスした Web サイトで何かメッセージが表示されたら、その内容を確認し、少しでも不審を感じたら、すぐにページを閉じるか、Web ブラウザーを終了するのが安全です。

　なお、より厳格に危険な Web サイトへのアクセスを防ぐなら、「フィルタリングソフト」と呼ばれるジャンルの製品を導入するのも効果的です。

　マルウェアの感染を防ぐために、パソコンのウイルス対策ソフトを導入することも不可欠です。た

GoogleのWebブラウザのGoogle Chromeで、危険なWebサイトを表示しようとすると、このようにブロックされます。

だし、「ウイルス定義ファイル」が古いままだと、マルウェアに感染するリスクが高まります。従って、「ウイルス定義ファイル」は常に最新の状態にしておきましょう。通常は、ユーザーが何もしなくても、自動的に最新状態に更新されます。

　そして、Windows やアプリケーションも、常に最新状態にしておくことが重要です。Windows 10 や Word、Excel などの Office アプリケーションは、基本的にはユーザーが何もしなくても自動的に最新状態になります。ただし、アプリケーションによっては、手動で最新状態にする必要もあるので注意してください。

● 推奨される対策

・怪しいWebサイトには近づかない。
・危険なWebサイトへのアクセスをブロックするフィルタリング製品を利用する。
・ウイルス対策ソフトは定義ファイルを常に最新にする。
・OSやアプリケーションを常に最新にする。

使わない方がいいソフト・技術

　デジタル技術の進化は目覚ましく、どんな技術でも、時間とともに古くなってしまいます。ただ古くなるだけなら問題ありませんが、古い技術がセキュリティ上の問題になる場合があります。これは自動車の世界でも同じです。製造年が古い自動車は、最新の安全基準を満たせなくなります。このような自動車を運転し続けることは、最新の基準から見ると"危険"ということになります。

　パソコンの世界では、この"古い自動車"に相当する代表的なソフトが、マイクロソフトのWebブラウザである「Internet Explorer（インターネット エクスプローラ）」とアドビの「Flash（フラッシュ）」です。

　最新のWindows 10では、標準のWebブラウザはMicrosoft Edge（マイクロソフト エッジ）となっています。互換性のためにInternet Explorerも用意されていますが、利用は非推奨です。

　アドビのFlashは、Webサイトで動画やゲームを作るための技術です。かつては、さまざまなWebサイトで利用されていましたが、セキュリティ上の問題点があることから、現在では利用されていません。Flashを利用するには「Flash Player」というソフトをインストールしますが、以上の理由から、現在では「Flash Player」の配布は停止しています。もし、テレワークで利用するパソコンに「Flash Player」がインストールされているなら、アンインストールしたほうが安全です。

　なお、Internet Explorerは、インストールされていても利用しなければ危険ではありません。ただ、不安であればアンインストールしても問題ありません。Windows 10でInternet Explorerをアンインストールする方法は次のとおりです。

1 右下の[通知]アイコンをクリックします。

2 表示されたメニューから[すべての設定]をクリックします。

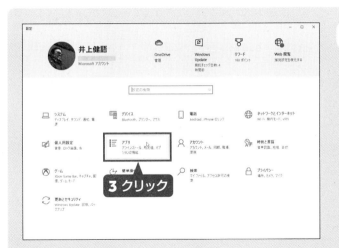

3 [アプリ]をクリックします。

4 「アプリと機能」の設定画面が表示されたら、[オプション機能]をクリックします。

5 [Internet Explorer 11] を選択して、[アンインストール] をクリックします。

Windows 10にセキュリティ対策ソフトはいらない？

　Windows 10は、従来のWindowsと比較すると、セキュリティ機能がとても強化されています。「Microsoft Defender」というウイルス対策ソフトが標準装備され、危険なWebサイトをブロックする機能、ファイアウォール機能なども標準で用意されています。このため、Windows 10を利用するなら、セキュリティ対策ソフトは導入しなくていいという意見もあります。それは、決して間違いではありません。

　Windows 10には、一通りのセキュリティ機能が標準装備されているので、必ずしもサードパーティ製のセキュリティ製品を追加する必要はありません。特に企業向けの「Windows 10 Pro」は、暗号化機能なども用意されているので、より安全です（「Windows 10 Home」が家庭向け）。

　ただし、サードパーティ製のセキュリティ製品は、より専門性が高く、高機能なのも確かです。このため、標準のWindowsよりもさらに安全性を高めたい場合は、サードパーティ製のセキュリティ製品を追加することも十分意味があります。たとえば、ウイルス対策ソフトを導入すれば、「Microsoft Defender」と併用できるので、よりセキュリティは高まります。

　なお、Windows 10では、セキュリティの機能を一括で確認・設定できます。Windows 10での設定方法は次のとおりです。

1 右下の［通知］アイコンをクリックします。

2 表示されたメニューから［すべての設定］をクリックします。

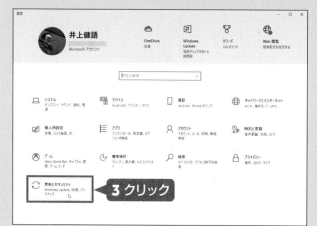

3 ［更新とセキュリティ］をクリックします。

4 「Windowsセキュリティ」を選択し、[Windowsセキュリティを開く]をクリックします。

5 Windows 10のセキュリティを設定する画面が表示されます。各アイコンをクリックして設定を確認・変更できます。

第 **3** 章

どうやって守るセキュリティ?

> 社内で使っているパソコンを自宅に持ち帰って作業中、画像処理が必要になった。そこで、フリーの海外製画像編集ソフトをダウンロードしてインストールしたところ、見慣れない広告が表示されるようになって作業が進まなくなった。また、ソフトのアンインストールもできなくなった。

● 原因と対策

　無料で利用できるフリーソフトやオープンソースで開発されているソフトは便利なものが多く、使い方によっては非常に有効です。ただし、中には素性がよく分からなかったり、広告ツールが含まれていたり、情報を盗み取る悪質な仕組みが組み込まれている場合もあります。

　また、テレワークで使用するパソコンにWinny（ウィニー）やShare（シェア）といったファイル共用ソフトがインストールされていると、パソコン内の情報が勝手に共有されて、漏洩してしまうリスクもあります。

　このため、テレワークで利用するパソコンでは、あらかじめインストールされているソフトのみを利用し、新しいソフトのインストールを禁止することが原則です。必要な場合は、事前に安全性を確認したアプリケーションをリストアップし、リストのアプリケーションのみ許可するのも1つの方法です。

　なお、テレワーク勤務者が利用するアプリケーションを正確に把握するなら、資産管理ソフトを導入する方法もあります。資産管理ソフトの基本的な仕組みは、パソコンに「エージェント」と呼ばれるプログラムをインストールし、そのエージェントが定期的に利用されているアプリケーションなどの情報を、サーバーやクラウドに送信して管理するというものです。

　このようなソフトを導入しておけば、従業員が不正なアプリケーションを利用することを防ぐだけでなく、万が一、事件・事故が起きたときに、その原因を追求することにも役立ちます。以下に、中小企業向けの資産管理ツールをいくつか紹介します。

・**LANSCOPE**（https://www.lanscope.jp/）
　エムオーテックス株式会社
・**SKYSEA Client View**（https://www.skyseaclientview.net/）
　Sky株式会社
・**System Support best1**　（https://www.dos-osaka.co.jp/ss1/）
　株式会社ディー・オー・エス
・**Asset View**（https://www.hammock.jp/assetview/）
　株式会社ハンモック

● 推奨される対策

・テレワーク用パソコンへのアプリケーションの新規インストールは禁止する。
・許可したアプリケーションだけ利用可能とする。
・資産管理ツールを導入してアプリケーションの利用動向を把握する。

事例4　ウイルス対策ソフトの定義ファイル

テレワーク用のパソコンを起動したら、ウイルス対策ソフトで「定義ファイルを更新してください」というメッセージが表示された。しかし、急いでいたのでキャンセルし、先にメールソフトでメールを送受信してから定義ファイルを更新した。

● 原因と対策

ウイルス対策ソフトは、ソフト本体とウイルス定義ファイルを常に最新状態にしておかないと、性能を100％発揮できません。特にウイルス定義ファイルは、ウイルス（犯人）を突き止める指名手配書のようなものなので、その手配書が古いと、新しいウイルスを見逃してしまいます。

従って、パソコン起動時に定義ファイルの更新を求められた場合は、メールの送受信などの前に更新することが大切です。本事例のように後回しにすると、受信したメールの中にウイルスが潜んでいて、感染してしまうリスクがあります。

ただし、最近のマルウェアは巧妙です。中には、ウイルス対策ソフトを装って、ウイルスをパソコンに感染させることもあります。このため、起動時に表示された「定義ファイルを更新してください」というメッセージが、本当にウイルス対策ソフトが表示したものなのかは疑った方が安全です。

最近のウイルス対策ソフトは、こうした紛らわしい手口に対抗するため、ユーザーの確認を求めず、バックグラウンドで自動的に定義ファイルを更新するものがほとんどなので、メッセージを表示することはあまりありません。ただし、緊急時にメッセージを出すこともあるので、表示されたメッセージが正しいかどうか判断に迷った場合は、IT に詳しい担当者に確認することをおすすめします。

● 推奨される対策

・原則、定義ファイルは常に最新にする。
・ウイルス対策ソフトを装うウイルスもあるので、迷ったら IT に詳しい担当者に確認する。

どうやって守るセキュリティ？

次世代型のウイルス対策ソフト

　現在のサイバー攻撃は、非常に組織化・ビジネス化しています。「ダークウェブ」と呼ばれる、一般のインターネットユーザーがアクセスできないネットワークでは、世界中の漏洩したアカウント情報や、特別な技術がなくてもウイルスを開発できるツールキットなどが売買されています。

　毎日新たに作られるウイルスは100万種類ともいわれ、特定の企業を狙ったオーダーメイドのウイルスも作られています。このような状況では、定義ファイルに頼った従来型のウイルス対策ソフトで、すべてのウイルスを防ぐことはほぼ不可能です。

　そこで最近は、定義ファイルを使わない新しい技術を使ったウイルス対策ソフトが登場しています。利用される技術は人工知能（AI）です。侵入したプログラムの挙動を監視し、人工知能で不審な動きを検知して警告したり、プログラムの動きを抑止したりします。このようなウイルス対策ソフトを総称して「次世代型ウイルス対策ソフト（NGAV:Next Generation Anti Virus）」と呼びます。

　従来型のウイルス対策ソフトに不安を感じているなら、次世代型を試す価値は十分にあると思います。

次世代型ウイルス対策ソフトを開発するセキュリティ企業の例：
Deep Instinct（ディープインスティンクト）
https://www.deepinstinct.com/ja/

次世代型ウイルス対策ソフトを開発するセキュリティ企業の例：
Cyberreason（サイバーリーズン）
https://www.cybereason.co.jp/

事例5 テレワーク用パソコンの不備

テレワーク用に専用のパソコンを購入し、年に数回利用していた。久しぶりに担当者が自宅に持ち帰って起動したところ、OSの更新を求められたが、急いでいたのでそのまま作業を続けた。次回パソコンを起動したら「このPCはウイルスに感染しています」と表示されて、偽のセキュリティ対策ソフトの広告が何度も表示されるようになり、業務ができなくなった。

● 原因と対策

Windows などの OS やアプリケーションソフトにプログラムの不具合（脆弱性）が見つかると、そこを突いてサイバー攻撃を受ける可能性があります。しかし、OS やアプリケーションソフトは、発売された後でも不具合が見つかるのが一般的です。

このため、OS やアプリケーションのメーカーは不具合が見つかると、修正プログラム（「パッチ」とも言います）を開発して配布します。現在、パソコンはインターネットに接続されているのが一般的なので、修正プログラムはインターネットを介して自動的に配布、インストールされて、不具合が修正されます。

このため、日頃あまり利用しないパソコンをたまに起動すると、大量の修正プログラムのダウンロードとインストールが始まることも珍しくありません。すぐにパソコンで仕事をしようと思っても、始められないということが起きるのです。

だからといって、修正プログラムのインストールをキャンセルするのは危険です。不具合がたくさんある状態なので、ウイルスに感染するリスクが高くなっているからです。

このことから、パソコン起動時に OS やアプリケーションの更新を求められたら、まずは更新をしっかり実行しましょう。多少時間がかかっても仕方ないと割り切った方が良いと思います。自宅に持ち帰ることが分かっているなら、オフィスにいる間に起動して、最新状態に更新しておくと良いでしょう。

なお、たまにしか使わないパソコンをテレワークで利用するのは、おすすめしません。危険な上に、修正プログラムのインストールが発生するため、作業効率も悪いからです。

理想は、日頃オフィスで利用しているパソコンを、そのままテレワークでも利用することです。この方法なら、わざわざ専用のパソコンを購入する必要もなく、いつも利用しているので、修正プログラムのインストールも最小限ですみます。

● 推奨される対策

・メッセージに従って OS やアプリケーションを最新にする。
・自宅に持ち帰る前に OS やアプリケーションを最新状態にする。
・テレワーク用の専用パソコンの利用をやめる。
・日頃オフィスで利用しているパソコンを、テレワークでも利用する。

ランサムウェア

> テレワークで使用したノートパソコンを会社に持ち帰り、社内ネットワークに接続して使ったところ、経理担当者のパソコンのデータが読めなくなった。その後、「元に戻したければ、お金を払え」という意味の英語メッセージが表示された。指示に従ってお金を振り込んだが、何の連絡もなく、重要な経理データが失われてしまった。

● 原因と対策

現在、多くの企業で被害が発生しているのが、ウイルスの一種である「ランサムウェア」です。これは、企業ネットワークに侵入し、個人情報などの機密情報を暗号化します。そして、「元に戻したければお金を支払え」と脅迫します。データを人質にして身代金を要求することから、「Ransom（身代金）」と「Software（ソフトウェア）」をくっつけて「ランサムウェア」と呼ばれるようになりました。

コンピュータに侵入するまでは、通常のウイルスと変わりません。侵入後、社内ネットワーク内を移動し、個人情報などの重要なデータが保存されているサーバーやパソコンを探し出し、そのデータを暗号化するのです。

従って、対策も通常のセキュリティ対策と同じです。ウイルス対策ソフトを導入して定義ファイルを最新にし、OSやアプリケーションを最新に保つことが基本になります。

さらに、ランサムウェア独自の対策として、データのバックアップが挙げられます。たとえば、1日に1回バックアップをとっておけば、たとえランサムウェアに暗号化されても、1日前のデータには復元できるからです。

ただし、バックアップ先が同じ社内ネットワークにあると、バックアップデータも同時に暗号化されてしまいます。従って、USBメモリや外付けのハードディスクなどにバックアップし、ネットワークから切り離して保存しておくことがポイントになります。

● 推奨される対策

・通常のウイルス対策を徹底する。
・暗号化されると困るデータを定期的にバックアップする。
・バックアップしたデータはネットワークから切り離された場所で保存する。

＼ 二重脅迫型ランサムウェアとは？ ／

データを暗号化して「元に戻したければ身代金を支払え」と脅すのがランサムウェアです。ただし、最近は新しい手法が加わっています。それは、暗号化する前のデータを取得し、「外部に暴露されたくなかったら身代金を支払え」と脅す手法です。「元に戻したければ支払え」と「暴露されたくなかったら支払え」の2重の脅迫をすることから「二重脅迫型ランサムウェア」と呼ばれています。

対策は従来型のランサムウェアと変わりありません。

ランサムウェアに暗号化されたデータを元に戻すツール

　ランサムウェアによってデータが暗号化されると、元に戻す方法は原則ありません。ただし、過去に被害を出した有名なランサムウェアの場合は、セキュリティ企業から元に戻す（復号する）ツールが提供されている場合もあります。ランサムウェアの被害に遭った場合は、まずはこうしたツールを試してみてください。

　なお、ランサムウェアは常に新しい種類が作られているため、ツールで元に戻せる可能性は低いということを、認識しておいてください。

セキュリティ企業のトレンドマイクロが提供しているランサムウェアで暗号化されたファイルを復号するツール。
https://helpcenter.trendmicro.com/ja-jp/article/tmka-19400

No More Ransom。ランサムウェアの被害を防ぐための情報を総合的に提供しているサイト。元に戻すツールも提供しています。
https://www.nomoreransom.org/ja/index.html

身代金は支払ったほうがいい？

　ランサムウェアでデータを暗号化されて身代金を要求された場合、企業はどう対応すべきでしょうか。教科書的な回答は「身代金を支払うべきではない」です。支払うことで攻撃者の目的を完遂させることになり、支払っても攻撃者が暗号解読のキーを送ってくるとは限らないからです。ただし、どうしても取り戻さなければならない重要なデータの場合は、身代金を支払うことも考えなくてはなりません。

　実際に、2021年5月、そのような事件が起きました。アメリカ最大の石油パイプラインを運営する「コロニアル・パイプライン」という会社がサイバー攻撃を受け、ランサムウェアによって重要なデータが暗号化され、操業停止に追い込まれました。そこで同社は、440万ドル（約4億8000万円）の身代金を支払ったと報道されています。

　事件発生後は石油パイプラインが操業停止し、燃料不足になると不安を感じた市民が給油所に殺到しました。社会的な混乱を少しでも早く収束するために、この会社は身代金を支払うという選択をしたのでしょう。その後、FBIの捜査により、身代金の大半は取り戻すことができたということです。

　もちろん安易に支払うことは絶対に避けなければなりませんが、状況によっては、それも選択肢になるということを、覚えておくとよいでしょう。

事例7　フィッシングメール

> テレワーク中に、会社と取引のある金融機関からメールが届いた。メールのリンクをクリックして金融機関のWebサイトを開き、ログインして取引の履歴を確認しようとしたが、何も表示されなかった。その数日後、会社の口座から知らない口座に1000万円が不正送金されていることが発覚した。

● 原因と対策

典型的なフィッシングメールの例です。フィッシングメールは、ユーザーを偽の Web サイトに誘導して、ログイン情報を詐取しようとします。この事例の場合、ログインした時点で、アカウント情報が攻撃者によって抜き取られていると考えるべきでしょう。すぐに金融機関に電話して、アカウント停止などの対策をとるべきです。それが遅れると、この事例のように不正送金などの被害が発生してしまいます。

Web サイトのデザインや内容は丸ごとコピーできるため、見た目だけで危険なサイトかどうかを判断することは、ほぼ不可能です。URL を確認することが重要ですが、毎回チェックするのも大変です。

このようなケースでは、原則としてメール本文中のリンクをクリックして、Web ページを表示することはやめた方が安全です。特に金銭の支払いが発生する Web サイトを表示するときは、あらかじめブックマークなどに登録した URL からアクセスするべきです。

なお、Gmail や Outlook などのメールソフトには、標準で迷惑メールをブロックする機能が用意されていて、初期設定は有効になっています。フィッシングメールは、このような機能である程度防ぐことができますが、100%防ぐことはできません。

よりセキュリティを高めたい場合は、有料サービスを利用するのも有効です。たとえば、インターネットイニシアティブ（IIJ）では、「IIJ SecureMX」というメールセキュリティのクラウドサービスを提供しています。これは、Microsoft 365（Office 365）のメールセキュリティ機能を強化するサービスです。Microsoft 365（Office 365）を利用していれば、検討する価値のあるサービスだと思います。

インターネットイニシアティブ（IIJ）の「IIJ SecureMX」
（https://www.iij.ad.jp/biz/smx/）

● 推奨される対策

・メールのリンクはクリックしないルールを徹底する。
・銀行などの金銭の支払いが発生する Web サイトを表示するときは、必ずブックマークを利用する。
・メールソフトの迷惑メール対策機能を利用する。
・メールセキュリティを強化する有料サービスを利用する。

＼ 中小企業が狙われる？サプライチェーン攻撃とは？ ／

　サイバー攻撃で狙われるのは大手企業だけ、というのは古い常識です。むしろ現在は、セキュリティ対策の不十分な中小企業が狙われやすいというのが、専門家の一致した意見です。

　特に注目されているのが「サプライチェーン攻撃」です。現在のビジネスは、さまざまなサプライチェーンで成立しています。原材料・部品の調達から、製造、在庫管理、配送など、製品が作られて消費者の手に届くまでには、多くの企業が連なっています。この連なりのことを「サプライチェーン」と呼びます。「サプライチェーン攻撃」は、このサプライチェーンの弱いところを攻撃します。

　攻撃者が大手企業を標的にする場合、まずはその企業のサプライチェーンの中で最も弱そうな企業を狙います。具体的には、狙いを定めた会社の社内パソコンにウイルスを感染させ、社内情報を盗みます。その後、その会社の取引先の情報を調べて、徐々に本来の標的である大手企業に近づいていくのです。

　その結果、もし大手企業に被害が発生したら、最初に攻撃を受けた中小企業の責任まで問われかねません。従って、サプライチェーン攻撃は、中小企業にとって企業の存続にも関わる重大な脅威といえるのです。

どうやって守るセキュリティ？

事例8　ビジネスメール詐欺（BEC）

テレワーク中に取引先の金融機関からメールが届いた。本文を確認すると「前日の振り込み先の指定に間違いがあり、処理が完了していないので、再度振り込んでほしい」と書かれていた。送信元のメールアドレスは正しく、前日には確かに振り込みをしたので、不審に思うことなく再度振り込んだ。その後、金融機関に確認したところ、そのようなメールは送っていないと返事があった。

● 原因と対策

　メールアドレスに不審はなく、書かれている文面も前後の文脈から判断して不自然ではないのに、金銭をだまし取られてしまったケースです。

　このように、ビジネスでやりとりするメールで同僚や企業幹部、取引先などになりすまして相手をだまし、送金処理などでお金をだまし取る攻撃を「ビジネスメール詐欺（BEC：Business E-mail Compromise)」と呼びます。BEC は IPA 発表の「情報セキュリティ10 大脅威 2021」（113 ページ参照）で、組織編の 5 位にランクインしているほど、現在、猛威を振るっている攻撃の 1 つです。

　BEC では、マルウェアなどによってユーザーのメールアカウント情報（メールアドレスや受信サーバー、送受信パスワードなどの情報）が事前に漏洩しています。メールアカウント情報が漏洩すると、攻撃者はメールのやりとりをすべて見ることができます。そこで、メールのやりとりを把握し、あるタイミングで本人になりすまして相手をだますメールを送るのです。すると、受信した側は、メールアドレスが正しく、かつ内容も不自然ではないので、簡単にだまされてしまうというわけです。

　BEC 対策としては、まずはメールアカウントのパスワードを分かりにくくして、アカウント情報の漏洩を防ぐことが最も重要です。その上で、マルウェアの感染を防ぐ一般的な対策を実施します。それでもメールアカウント情報が漏洩してしまうと、BEC を完全に防ぐことは困難です。金銭の振り込み指示のような重要なメールについては、先方に電話などのメール以外の手段で確認するくらいの慎重さが求められると思います。

　なお、メールアカウント情報の漏洩が疑われる場合は、早急に IT 管理者に連絡してください。IT 管理者は、メールアカウントの停止や送受信サーバーのパスワード変更などの対応が必要になります。

● 推奨される対策

・メールアカウントの漏洩を防止する（パスワードの強化など）。
・一般的なウイルス対策を実施する。
・金銭の振り込み指示などの含まれたメールは、電話などのメール以外の方法で再確認する。

事例9　端末の紛失・盗難

> Excelの顧客名簿を保存したノートパソコンを、カバンごと電車に置き忘れた。すぐに鉄道会社に問い合わせたところ、カバンは見つかったがノートパソコンがなくなっていた。後日、取引先に不審なメールが多数届くようになり、対応に追われることになった。

● 原因と対策

　持ち運ぶ機会の多いノートパソコンは、それだけ盗難・紛失のリスクが高くなります。セキュリティを重視するなら、「リモートデスクトップ方式」や「仮想デスクトップ方式」など、端末内にデータが保存されない方式を利用するのも1つの方法です。ただし、実現するには専用のソフトや仕組みが必要になり、お金もかかります。

　パソコン内にデータを保存するのであれば、パソコンにログインするときのIDとパスワードの管理を厳格にすることが最も重要です。誰でも推測できるパスワードだと、盗まれたパソコンに簡単にログインできてしまうからです。逆に、パスワードが複雑で簡単に推測できなければ、たとえパソコンを盗まれたとしても、ログインされるリスクは減ります。

　ただし、パソコンにログインできなくても、強引にデータを盗み出す方法はあります。それは、パソコンからハードディスクやSSDを取り外し、別のパソコンに接続してデータを読み出す方法です。

　これを防ぐには、ディスク上のデータを暗号化します。特にWindowsに標準で用意されているBitLocker（ビットロッカー）という暗号化機能を使うと、ディスク全体を暗号化できるので便利です。

　また、端末の盗難・紛失には、MDM（モバイルデバイス管理）サービスも有効です。これは、テレワーク用のパソコン、タブレット、スマートフォンなどの端末を一括管理するサービスです。紛失・盗難に遭ったときは、MDMに用意されている「リモートワイプ」という機能を使って、遠隔から端末内のデータを削除することができます。

　多くのMDMでは、Windowsのパソコンだけでなく、iOSやAndroidなどのスマートフォン・タブレットも管理できるので、端末の数や種類が多い場合は検討するとよいでしょう。なお、リモートワイプは、124ページで紹介した資産管理ツールに含まれる場合もあります。

● 推奨される対策

・パソコンにログインするときのパスワードを推測できないものにする。
・重要なデータは暗号化する（BitLockerを利用する）。
・モバイルデバイス管理（MDM）サービスを利用する。

BitLockerとは

　BitLocker（ビットロッカー）は、Windows 10 Pro版に標準搭載されている暗号化機能です（Home版には用意されていないので注意してください）。

　BitLockerは、パソコンに接続されているSSDやハードディスク全体を暗号化します。そのとき、「BitLocker回復キー」という文字列が発行されます。この「BitLocker回復キー」は、印刷したりUSBメモリなどに保存して厳重に管理します。

　BitLockerでディスクを暗号化しても、通常はデータを自由に読み書きできるので、暗号化されていることを意識する必要はありません。

BitLockerはWindows 10 Proで利用できます。画面はBitLockerを有効にする設定画面です。

　BitLockerが威力を発揮するのは、パソコンからSSDやハードディスクを取り出して、他のパソコンに接続した時です。この場合、いつもとは環境が異なるため、データは暗号化されたままで読み取ることが不可能になります。これにより、盗難などからデータを保護できます。

　ただし、パソコンの故障などでWindowsが起動できなくなり、やむを得ずディスクを取り出して別のパソコンに接続して利用することもあるでしょう。その場合は、保存しておいた「BitLocker回復キー」を利用することで、読み書きできるようになります。

ファイルは削除しても残っている？

　重要なデータの漏洩を防ぐには、不要になった段階でデータを確実に削除することも大切です。パソコンのデータは「ファイル」として保存されますが、WindowsやMacでファイルを削除すると、そのファイルは「ゴミ箱」に移動します。このため、「ゴミ箱」の中を探されたら簡単にファイルが見つかってしまいます。

　従って、ファイルを確実に削除する場合は、「ゴミ箱」のファイルを削除して、ゴミ箱を空にしなければなりません。ただし、実はそれでもファイルは残っています。削除したファイルは、特殊なツールを使うと比較的簡単に元に戻せるのです。このため、データを確実に削除する場合は、削除専用のツールを使うと安心です。無料で使えるフリーソフトもありますが、安全性を考えると市販の製品を購入した方がいいと思います。

データを完全に消去するソフトの例。画面はAOSデータ株式会社の「ターミネータ10plusデータ完全抹消」。

　さらに確実にデータを削除するのであれば、専用ソフトで削除した後、ディスクも物理的に破壊すると安心です。実際に、物理的に破壊してデータを読めなくする作業を代行する業者も存在します。

　ただし、2019年、神奈川県庁で使用されていたハードディスクがこのような業者から転売され、最大54TBもの情報が漏洩した事件もありました。もちろん、業者側の問題ですが、このような事件もあり得ることを考えると、自社で破壊することが必要かもしれません。

事例10　公衆無線LAN（無料Wi-Fi）のリスク～データの傍受

> テレワーク中、カフェで提供している無料Wi-Fiに接続して、取引先情報の含まれたExcelファイルをメールで送信した。数日後、その取引先から、「自社の情報がSNSに漏れている」と連絡があり、大きなトラブルに発展した。

● 原因と対策

　駅や空港、カフェなどでは、パスワードを入力しなくても無料で利用できる公衆無線LAN（Wi-Fi環境）が提供されています。このような環境では、同時に接続している他のユーザーに通信内容を傍受されるリスクがあります。この事例では、メールで送信したExcelファイルがそのまま傍受され、抜き取られた可能性があります。

　このようなWi-Fi環境では、原則として情報を見るだけにして、IDやパスワードなどの重要な情報を入力したり、重要なファイルを送ったりすることは避けるべきでしょう。

　また、Wi-Fi環境のセキュリティ方式には、「セキュリティ（暗号化）なし」や「WEP」などの方式があります（詳細はコラム参照）。

　なお、Wi-Fiのセキュリティ方式が「セキュリティ（暗号化）なし」だったとしても、Webブラウザの通信がHTTPS通信で暗号化されていれば、安全にデータをやりとりできます。具体的には、WebサイトのURLが「https://」で始まっていれば、そのWebサイトとWebブラウザ間の通信は暗号化されています。

　たとえば、GoogleのGmailであれば、「https://」で始まるWebサイトを通じてメールがやりとりされるので安全です。なお、URLが「https://」から始まっている場合は、WebブラウザのURL欄にカギのマークが表示されます。

画面はGoogle Chromeです。URLが「https://」から始まっている場合、カギのマークが表示されます。

マイクロソフトのWebブラウザであるMicrosoft Edgeでも、URLが「https://」から始まっている場合、カギのマークが表示されます。

● 推奨される対策

・パスワードなしで利用できる公衆無線LAN環境（無料のWi-Fi環境）では、重要な情報のやりとりをしない。

・接続先が「https://」で始まっているWebサイト（例：Gmail）であれば、情報を安全にやりとりできる。

Wi-Fiのセキュリティ方式

　Wi-Fiには複数のセキュリティ方式があります。ここでいうセキュリティ方式とは、パソコンやスマートフォンなどのデバイスとアクセスポイント（Wi-Fiルータ）間の通信の暗号化方式のことです。現在の主流はWPA2ですが、アクセスポイントによっては古いWEPが使われていたり、暗号化されていない場合もあります。

上に行くほど安全

セキュリティ方式	説　明
WPA3	2018年に発表された最新方式。今後の普及が期待されている。
WPA2	WPAより堅牢な現在主流の方式。
WPA	WEPの弱点を補強した方式だが、脆弱性があり、現在では推奨されない。
WEP	暗号化はされているが、解読方法が知られているためセキュリティは弱い。
セキュリティ（暗号化）なし	通信は暗号化されず、誰でも通信内容を見ることができる。

Wi-Fiの暗号化とHTTPS通信の暗号化

　Wi-Fiのセキュリティ方式である「WPA2」や「WEP」は、パソコンやスマートフォンなどの端末とWi-Fiのアクセスポイント（Wi-Fiルータ）との間を暗号化します。これに対して、HTTPS通信はパソコンやスマートフォンなどの端末と、インターネットの先にあるWebサーバーとの間を暗号化します。

　従ってHTTPS通信を利用すれば、Wi-Fiの利用区間も含めてデータが暗号化されます。ただし、すべての通信がHTTPS通信に対応しているわけではないので、Wi-Fiの暗号化も同時に利用することが推奨されています。

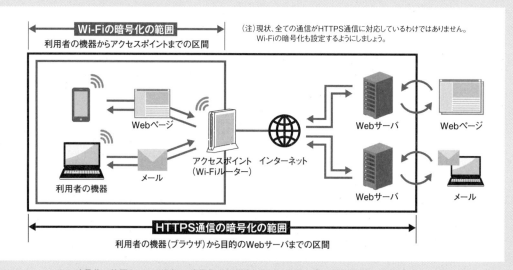

Wi-Fiの暗号化の範囲とHTTP通信の暗号化の範囲（出典：総務省の「Wi-Fi利用者向け簡易マニュアル」）

事例11 公衆無線LAN（無料Wi-Fi）のリスク～偽アクセスポイント

> テレワーク中、自宅近くのカフェで無料Wi-Fiを利用して仕事をした。利用する時にSNSのIDとパスワードを求められたので入力し、その日は問題なく利用できた。数日後、SNSを見たところ、身に覚えのない他人を誹謗中傷する投稿が、自分のアカウントで行われているのを発見した。

● 原因と対策

　駅や空港、カフェなどで無料で利用できる公衆無線LAN（Wi-Fi環境）では、偽のアクセスポイントが問題になっています。その目的は、正規のアクセスポイントの側にわざと別のアクセスポイントを設置し、アクセスしてきたユーザーの情報を盗むことです。この事例であれば、ユーザーのSNSのアカウント情報を盗むことが目的です。

　駅や空港、カフェで無料のWi-Fiを利用する場合は、必ず施設に掲示されているポスターなどに記載の接続方法を確認し、そこに書かれているアクセスポイント（SSID）に接続するようにしてください。

　また、アクセスポイントに接続する際、SNSの情報やメールアドレスなどの個人情報の入力を求められたら、ほぼ怪しいと思った方がよいでしょう。なぜなら、無線LANを利用するために、こうした情報は必ずしも必要ではないからです。

　従って、こうした情報を求められたら、仮に正規のサービスであっても、利用しない方が安全です。

● 推奨される対策

・公衆無線LAN（無料のWi-Fi環境）を利用するときは、正しいアクセスポイント（SSID）に接続する。
・利用時にSNSのアカウント情報やメールアドレスなどを求められたら利用を避ける。
・その他、少しでも怪しいと感じたら公衆無線LANは利用しない。

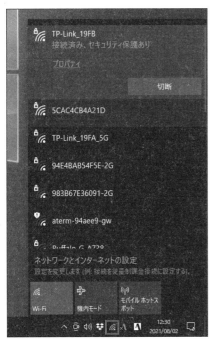

Windows 10で右下のWi-Fiアイコンをクリックすると表示されるアクセスポイントの一覧。公衆無線LANに接続するときは、アクセスポイント（SSID）が正しいことを確認して接続することが大切です。

自宅Wi-Fiルータの設定

> 会社のノートパソコンをテレワーク用に自宅に持ち帰り、自宅のWi-Fi環境に接続してExcelの顧客名簿を編集した。数日後、そのExcelファイルがある掲示板で公開されていることが判明し、取引先からクレームの電話が入った。

● 原因と対策

　自宅の Wi-Fi 環境で業務をする場合は、自宅で使っている Wi-Fi ルータの設定がポイントになります。最もありがちなのは、量販店などで購入した Wi-Fi ルータを初期設定のまま利用しているケースです。

　この場合、セキュリティ方式を正しく設定していなかったり、Wi-Fi ルータを管理する管理用パスワードが初期設定のままになっていることも少なくありません。このような場合、セキュリティ的には非常に弱く、危険な状態です。このため、もしサイバー攻撃を受けてしまうと、簡単に侵入を許してしまいます。

　自宅の Wi-Fi ルータを利用するときは、以下の 3 点が重要なポイントです。

1.セキュリティ方式は「WPA2」や「AES」を選択する

　「セキュリティ（暗号化なし）」や「WEP」ではセキュリティ的に十分ではありません。「WPA2」や「AES」であれば十分なセキュリティを確保できます。

2.第三者に推測されにくいパスワードを設定する

　通常、Wi-Fiルータでは、Wi-Fi暗号化のパスワードとルータの設定画面にアクセスするための管理者パスワードの2つを設定する必要があります。いずれも、第三者から推測されにくいパスワードを設定することが重要です。特に管理者パスワードを初期設定のまま使っていると危険です。必ず変更するようにしましょう。

3.ファームウェアを最新にする

　Wi-Fiルータを制御するファームウェアを常に最新状態に保つことが重要です。最近の機種では自動更新できる製品も多いので、自動更新を有効にしておくことをおすすめします。一般的にファームウェアの更新や自動更新の設定は、ルータの設定画面で行います。

● 推奨される対策

・セキュリティ方式を「WPA2」または「AES」にする。
・暗号化のパスワードを第三者に推測されにくいものにする。
・ルータの設定画面にアクセスする管理者用パスワードを第三者に推測されにくいものにする。
・ファームウェアを常に最新状態にする。

事例13　のぞき見

新幹線の車内で新製品の提案プレゼン資料を作っていた。数日後、あるSNSに「○○社の新製品情報が流出」というタイトルで、社内の人物しか知りえない情報が投稿され、社内で大問題になった。内容を確認すると、自分が新幹線の車内で作っていた資料にだけ書かれている内容が含まれていることが分かり、真っ青になった。

● 原因と対策

新幹線の車内やカフェなど、周囲に不特定多数の人がいる環境では、作業中の画面をのぞき見されるリスクが常にあります。本人に見るつもりはなくても、偶然目に入ることもあるし、悪意があれば意識的にのぞき見して、情報を詐取することも可能です。

今回のトラブルの原因がどちらなのかは分かりませんが、少なくとも、新幹線のような場所で機密情報を画面に表示したことが、情報流出の一因になったことは間違いないでしょう。

対策としては「プライバシーフィルター」の利用が挙げられます。プライバシーフィルターは、ノートパソコンの画面に貼り付けて、横方向からの可読性を落とすフィルムです。ネット通販などで数千円で入手できます。ただし、真正面から見ると読めます。これを防ぐには、背後からのぞき見されない後ろに壁があるような場所で作業するのも1つの方法です。

とはいえ、ちょっと席を外した隙にのぞき見されたのでは意味がありません。従って、新幹線の車内やカフェなどでは、漏洩すると問題になる資料などを画面に表示して作業することは、原則として避けるべきです。どうしても作業しなければならない場合は、プライバシーフィルターを使ったり、後ろに壁のある場所で作業したりして、細心の注意を払うことが求められます。

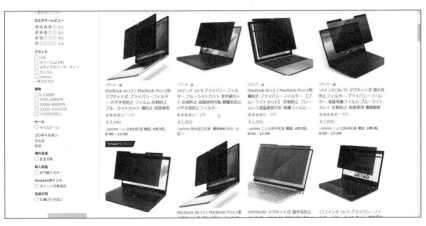

プライバシーフィルターはAmazonなどのネット通販で数千円で販売されている。

● 推奨される対策

・第三者にのぞき見される場所では、機密資料を画面に表示しない。
・プライバシーフィルターで横から見られるリスクを低減する。
・背後から見られないように、後ろに壁のある場所で作業する。
・画面に機密資料を表示したまま席を外さない。

事例14　パスワード管理

テレワーク中に他の社員とファイルを共有するため、クラウドストレージサービスを契約し、ログイン用のパスワードとして、自分の誕生日の文字列を登録した。1週間後、クラウドストレージに保存していたファイルがすべて削除されていた。

● 原因と対策

　クラウドストレージに限らず、「パスワード」の管理は最も基本的なセキュリティ対策の1つです。どんなに高価なセキュリティ機器を導入しても、パスワードが破られたら意味はありません。特にクラウドストレージの場合は、パスワードが漏洩すると、この事例のようにファイルを勝手に削除されたり、盗まれたりしてしまいます。

　従って、パスワードを登録する際は、「123456」「abcd1234」のような誰もが思いつくパスワードや、誕生日や会社名のような推測が容易なものは避けるべきです。また、他のサービスで使っているのと同じパスワードを流用する「パスワードの使い回し」も避けるべきです。

　犯罪者などが利用するダークウェブでは、さまざまなサービスで過去に漏洩したアカウント情報が売買されています。攻撃者は、こうした漏洩アカウントのリストを利用して、さまざまなサイトに「ボット」と呼ばれるプログラムを使って自動的にログインを試みます。1つでも成功すれば、正規のユーザーになりすまして、情報を盗んだり不正送金などを行ったりします。

　このような被害を防ぐ最も有効な対策が、分かりにくいパスワードを設定することです。情報処理推進機構（IPA）は、パスワード作成の3箇条を次のように示しています。

「長く、複雑に、使い回さない」

　また、利用できる場合は、2要素認証を設定しておくのも効果的です。

● 推奨される対策

・パスワード作成のルール「長く、複雑に、使い回さない」を徹底する。
・2要素認証を利用する。

こんなパスワードは危険！

NordPassという会社は、毎年グローバルで「最も使われたパスワード」ランキングを発表しています。その2020年版によると、トップ5は次の通りです。

1位　123456
2位　123456789
3位　picture1
4位　password
5位　12345678

また、セキュリティ企業のソリトンシステムズが公表した資料「日本人のパスワードランキング2020」によると、日本人が利用するパスワードのトップ5は次のとおりです。

1位　123456
2位　password
3位　asdfghjk
4位　12345678
5位　123456789

このようなパスワードを使っていたら、今すぐ変更することをおすすめします。

ソリトンシステムズが公表した資料「日本人のパスワードランキング2020」

マスターパスワードでパスワードを管理する

パスワード作成のルールである「長く、複雑に、使い回さない」を守ることは簡単ではありません。特に、すべてのサイトで異なるパスワードを使い分けると、パスワードの管理が大変です。

そこで、負担を軽減するために、秘密の「マスターパスワード」を1つ作り、サービスによって、その一部に文字や数字を追加する方法があります。

たとえば「mahonai2219」というマスターパスワードを作り、サービスによって次のように文字を変えます。

サービス Aのパスワード……mahonai2219f2
サービス Bのパスワード……mahonai2219a5
サービス Cのパスワード……mahonai2219g1

そして、マスターパスワードだけはしっかりと記憶し、追加分だけをメモやファイルに記録しておけば、もしメモやファイルが漏洩しても、不正アクセスのリスクをある程度抑えることができます。

事例15　SNSのトラブル

> Facebookで社員用のグループを作って仕事のやりとりをしていたが、誤って趣味のグループに取引先の情報を投稿し、そのまま1週間放置してしまった。それに気づいた取引先の担当者からクレームが入り、関係者に謝罪して回ることになった。

● 原因と対策

　LINE や Facebook などの SNS を仕事で利用している企業は少なくありません。テレワークでも、他の社員とコミュニケーションをとったり資料を共有したりする目的で、SNS のサービスを使っている企業は多いようです。

　しかし、個人用と同じサービスを使っていると、この事例のように、投稿先を間違えて情報漏えいが容易に起きてしまうことがあります。さらに、投稿内容の公開範囲を間違えて、不特定多数のユーザーに投稿内容を見られてしまうリスクもあります。

　いったん情報が不特定多数に公開されてしまうと、誰がその情報にアクセスしたのか特定できないため、その後の対応は非常に困難になります。運が良ければ、誰もその情報に注意を払わず、事件・事故が起きないかもしれません。しかし、運悪く悪意のある人物がその情報を目にした場合は、取り返しの付かない事件・事故につながってしまいます。

　従って、業務で SNS を利用する場合は、公開範囲を必ずチェックするなどのルールを作り、徹底することが重要です。また、業務内容によっては、SNS は使用しないことも検討すべきでしょう。

企業向けのLINE WORKS。フリー版なら無料で利用を開始できます。
https://line.worksmobile.com/jp/

　なお、法人向けの SNS サービスを利用するのも有効です。たとえば、日本で人気の高い LINE には、企業向けの LINE WORKS（ラインワークス）というサービスが用意されています。LINE WORKS であれば、最初から登録したユーザーにしか情報が公開されないので、情報漏洩のリスクは低いでしょう。また、企業向けのセキュリティ機能も充実しているので、安心して利用できます。無料で始めることもできるので、個人向けの LINE よりはおすすめです。

● 推奨される対策

・業務で SNS を利用する場合は、公開範囲に注意するなど、ルールを決めて徹底する。
・セキュリティを重視するなら、業務では一般ユーザー向けの SNS は使わない。
・本格的に利用するなら、企業向けの SNS サービス（LINE WORKS など）も検討する。

事例16　クラウドの設定ミス

> 新製品のプロモーション動画を制作するため、社外協力者のデザイナーとクラウドストレージで動画ファイルを共有したが、設定ミスで誰もがアクセスできる状態になっていた。1週間後に気づいて設定を変更したが、その後、その動画ファイルが動画投稿サイトにアップされていることが確認され、大きな問題に発展した。

● 原因と対策

　OneDrive や Google Drive、Dropbox などのクラウドストレージでは、クラウド上のファイルを他の人と簡単に共有できます。同時に1つのファイルを編集することも、メールの添付ファイルでは送れないサイズの大きなファイルを送ることも可能です。

　ファイルを共有するときは、共有する相手を指定するのが一般的です。共有のレベルは、大きく次の3つに分かれます。

・自分だけ（初期設定）
・メールアドレス等で指定した相手だけ
・不特定多数の相手

　サービスによってはさらに細かく分かれる場合もありますが、基本的にはこの3つです。このうち、最も危険なのが不特定多数の相手と共有するケースです。誰でもファイルにアクセスできるので、この状態が長期間続くと、それだけ情報が漏洩するリスクも高くなります。

　万が一、顧客名簿や取引先情報などのファイルを不特定多数がアクセスできる状態で放置したら、この事例のように外部に漏洩し、大きな問題になるのは避けられません。

　従って、クラウドストレージでファイルを共有するときは、必ず共有範囲を確認しましょう。基本的に、不特定多数が見られる状態で共有することは避けるべきです。

　絶対に漏洩が許されない重要なファイルをクラウドストレージで共有し、相手に渡すときは、ファイルを暗号化してから共有し、暗号を解くパスワードは SNS やメールなどで送るといった方法も検討すべきでしょう。

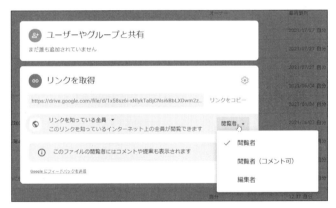

Googleドライブでのファイルの共有設定。不特定多数のアクセスを許可すると、その情報が第三者に漏れてしまいます。

● 推奨される対策

・クラウドストレージでファイルを共有するときは、共有の設定に注意する。
・基本的に不特定多数の相手とは共有しない。
・絶対に漏洩が許されないファイルは、あらかじめ暗号化してから共有し、復号のパスワードは別途相手に送る。

サイバーセキュリティ保険

テレワークの端末がウイルスに感染し、それが原因で社内に保存していた取引先の重要情報が漏洩して、取引先に損害を与えてしまった。その後、取引先からは原因究明を求められるとともに、損害賠償も求められ、企業の存続も危うくなっている。

● 原因と対策

どんなにセキュリティ対策を行っても、攻撃を100%防ぐことはできません。このため、最悪の場合、この事例のような事態に陥るリスクもゼロではありません。特に大手企業と取引のある中小企業は、大手企業へ侵入するための"踏み台"として利用されるケースが多いので、大手企業から取引を停止されたり、損害賠償を求められたりすることもあり得ます。

このような事態に備えるために、最近は「サイバーセキュリティ保険」が登場しています。この保険で補償できるのは、次のような内容です。

事故対応費用
事故が起きると、原因調査、見舞金の支払い、法律相談、再発防止策の策定など、一定期間内にさまざまな対応が必要になります。そこで生じた諸費用を補償します。
損害賠償請求
被害を受けた相手から損害賠償を求められたり、訴訟になったりする可能性があります。そこで必要になる費用を補償します。
損失利益
攻撃により事業が止まって損失が発生した場合、損失を補填したり、営業を継続するための費用を補填したりします。

なお、サイバーセキュリティ保険の内容は、保険会社によって異なります。日本ではまだ歴史も浅いため、中小企業が手軽に利用できるとはいえません。しかし、今後、その必要性が認識されるにともなって、中小企業が利用しやすい保険も増えてくると考えられます。万が一に備えるなら、ぜひ調べてみてください。

日本損害保険協会の提供するサイバー保険
https://www.sonpo.or.jp/cyber-hoken/

大塚商会の提供するサイバー保険
https://www.otsuka-shokai.co.jp/products/lp/cyber-insurance/

● 推奨される対策

・サイバーセキュリティ保険を検討する。

3 テレワークセキュリティ対策の ポイント

総務省が公開している「テレワークセキュリティガイドライン 第4版」には、「経営者」「システム管理者」「テレワーク勤務者」のそれぞれが実施すべき対策がリスト形式でまとめられています。ここでは、その一覧を掲載しますので、自社のセキュリティ対策を立てるときの参考にしてください。

3-1 経営者が実施すべき対策1 ~ 5

● 情報セキュリティ保全対策の大枠

1	経営者は、テレワークの実施を考慮した情報セキュリティポリシーを定め定期的に監査し、その内容に応じて見直しを行う。
2	社内で扱う情報について、その重要度に応じたレベル分けを行った上で、テレワークでの利用可否と利用可の場合の取扱方法を定める。
3	テレワーク勤務者が情報セキュリティ対策の重要性を理解した上で作業を行えるようにするため、定期的に教育・啓発活動を実施させる。
4	情報セキュリティ事故の発生に備えて、迅速な対応がとれるように連絡体制を整えるとともに、事故時の対応についての訓練を実施させる。
5	テレワークにおける情報セキュリティ対策に適切な理解を示した上で、必要な人材・資源に必要な予算を割り当てる。

3-2 システム管理者が実施すべき対策1 ~ 18

● 情報セキュリティ保全対策の大枠

1	システム全体を管理する重要な立場であることを自覚し、情報セキュリティポリシーに従ってテレワークのセキュリティ維持に関する技術的対策を講じるとともに定期的に実施状況を監査する。
2	情報のレベル分けに応じて、電子データに対するアクセス制御、暗号化の要否や印刷可否などの設定を行う。
3	テレワーク勤務者の情報セキュリティに関する認識を確実なものにするために、定期的に教育・啓発活動を実施する。
4	情報セキュリティ事故の発生に備えて、迅速な対応がとれるように連絡体制を確認するとともに、事故時の対応についての訓練を実施する。

● 悪意のソフトウェアに対する対策

5	フィルタリング等を用いて、テレワーク勤務者が危険なサイトにアクセスしないように設定する。
6	テレワーク勤務者がテレワーク端末にアプリケーションをインストールする際は申請させ、情報セキュリティ上の問題がないことを確認した上で認める。
7	貸与用のテレワーク端末にウイルス対策ソフトをインストールし、最新の定義ファイルが適用されているようにする。
8	貸与用のテレワーク端末のOS及びソフトウェアについて、アップデートを行い最新の状態に保つ。
9	私用端末をテレワークに利用させる際は、その端末に必要な情報セキュリティ対策が施されていることを確認させた上で認める。
10	ランサムウェアの感染に備え、重要な電子データのバックアップを社内システムから切り離した状態で保存する。
11	金融機関や物流業者からの事務連絡を装うなどの不審なメールが迷惑メールとして分類されるよう設定する。

● 端末の紛失・盗難に対する対策

12	台帳等を整備し、貸与するテレワーク端末の所在や利用者等を管理する。

● 重要情報の盗聴に対する対策

13	テレワーク端末において無線 LAN の脆弱性対策が適切に講じられるようにする。

● 不正侵入・踏み台に対する対策

14	社外から社内システムへアクセスするための利用者認証について、技術的基準を明確に定め、適正に管理・運用する。
15	テレワーク勤務者がインターネット経由で社内システムにアクセスする際のアクセス方法を定める。また、社内システムとインターネットの境界線にはファイアウォールやルータ等を設置し、アクセス状況を監視するとともに、不必要なアクセスを遮断する。
16	社内システムへのアクセス用のパスワードとして、強度の低いものを用いることができないように設定する。

● 外部サービスの利用に関する対策

17	メッセージングアプリケーションを含むSNSに関する従業員向けの利用ルールやガイドラインを整備し、その中でテレワーク時の利用上の留意事項を明示する。
18	ファイル共有サービス等のパブリッククラウドサービスの利用ルールを整備し、情報漏えいにつながる恐れのある利用方法を禁止する。

3-3　テレワーク勤務者が実施すべき対策1 ～ 20

● 情報セキュリティ保全対策の大枠

1	テレワーク作業中は、利用する情報資産の管理責任を自らが負うことを自覚し、情報セキュリティポリシーが定める技術的・物理的及び人的対策基準に沿った業務を行い、定期的に実施状況を自己点検する。
2	テレワークで扱う情報について、定められた情報のレベル分けとレベルに応じたルールに従って取り扱う。
3	定期的に実施される情報セキュリティに関する教育・啓発活動に積極的に取り組むことで、情報セキュリティに対する認識を高めることに務める。
4	情報セキュリティ事故の発生に備えて、直ちに定められた担当者に連絡できるよう連絡体制を確認するとともに、事故時に備えた訓練に参加する。

● 悪意のソフトウェアに対する対策

5	マルウェア感染を防ぐため、OSやブラウザ（拡張機能を含む）のアップデートが未実施の状態で社外のウェブサイトにはアクセスしない。
6	アプリケーションをインストールする際は、システム管理者にその旨を申請し、許可を受けたアプリケーションのみをインストールする。 （私用端末利用の場合）テレワークで利用する端末にインストールするアプリケーションは、安全性に十分留意して選択する。
7	作業開始前に、テレワーク端末にウイルス対策ソフトがインストールされ、最新の定義ファイルが適用されていることを確認する。
8	作業開始前に、テレワーク端末のOS及びソフトウェアについて、アップデートが適用され最新の状態であることを確認する。
9	テレワークにはルールに定められた情報セキュリティ対策が適用されているものを使用し、スマートフォン、タブレット等に関しては不正な改造（脱獄、root化等）を施さない。
10	テレワーク作業中にマルウェアに感染した場合、その報告漏れや遅れが被害拡大につながる恐れがあることを自覚し、電子メールの添付ファイルの開封やリンク先のクリックに一層の注意を払う。

● 端末の紛失・盗難に対する対策

11	オフィス外に情報資産を持ち出すとき、その原本を安全な場所に保存しておく。
12	機密性が求められる電子データを極力管理する必要が無いように業務の方法を工夫する。やむを得ない場合は必ず暗号化して保存するとともに、端末や電子データの入った記録媒体（USBメモリ等）等の盗難に留意する。

● 重要情報の盗聴に対する対策

13	機密性が求められる電子データを送信する際には必ず暗号化する。
14	無線LAN利用に伴うリスクを理解し、テレワークで利用する場合は確保すべきセキュリティレベルに応じた対策が可能な範囲で利用する。
15	第三者と共有する環境で作業を行う場合、端末の画面にプライバシーフィルターを装着したり、作業場所を選ぶ等により、画面の覗き見防止に努める。

● 不正侵入・踏み台に対する対策

16	社外から社内システムにアクセスするための利用者認証情報（パスワード、ICカード等）を適正に管理する。
17	インターネット経由で社内システムにアクセスする際、システム管理者が指定したアクセス方法のみを用いる。
18	テレワークで使用するパスワードは、使い回しを避け、一定以上の長さで他人に推測されにくいものを用いるように心がける。

● 外部サービスの利用に対する対策

19	メッセージングアプリケーションを含むSNSをテレワークで利用する場合、社内で定められたSNS利用ルールやガイドラインに従って利用するようにする。
20	テレワークでファイル共有サービス等のパブリッククラウドサービスを利用する場合、社内ルールで認められた範囲で利用する。

テレワークに
欠かせない
勤怠管理

1 労働時間をクラウドで適切に管理しよう

企業の経営者・マネージャにとって、テレワークに踏み出せない理由の1つに「従業員を適切に管理できないのでは？」という不安があるようです。しかし、最新のクラウドサービスを活用すれば、それほど予算をかけなくても、労働時間をはじめとする勤怠の管理は可能です。ここでは、テレワークに不可欠な勤怠管理と、それを実現するクラウドサービスについて紹介します。

1-1 テレワークを阻害する「働いている姿が見えない」問題

企業にテレワークが広がらない1つの理由として、労働時間の正確な把握が難しいことが挙げられます。特に経営層・マネージャ層にとっては、社員の働いている様子が分からないため、十分なマネジメントができないのではないかと、不安を感じるケースが多いようです。

もちろん、社員を信頼して仕事を任せ、「結果さえ出せば、仕事のやり方は自由でいい」という方針であれば問題ありませんが、現実はそうでもないようです。見られていないからとサボる社員もいれば、勤務時間以外も働いて"働き過ぎ"になる社員もいるのが、多くの企業の実態でしょう。

そもそも企業には、「働き方改革」に伴う法改正により、社員の労働時間を正確に把握することが求められています。その目的は長時間労働の解消です。法律では時間外労働の上限（月45時間かつ年360時間が原則）が定められ、それを超えると罰金が科されます。

このため、厚生労働省は「労働時間の適正な把握のために使用者が講ずべき措置に関するガイドライン」という文書を公開しています。この文書では、経営者が実施すべきことが、次のように書かれています。

> 使用者は労働者の労働日ごとの始業・終業時刻を確認し、適正に管理しなければならない。

そして、そのために実施すべき原則的な方法として、次の2つが明記されています。

> 1.使用者自らが現認する（現場で確認する）。
> 2.タイムカード、ICカード、パソコンの使用時間の記録等の客観的な記録を基礎として確認し、適正に記録する。

テレワークの場合、1番目の「使用者自らが現認する」はできないため、2番目の方法を採用する必要があります。

なお、ガイドラインでは、やむを得ず自己申告制で労働時間を把握する場合についても書かれています。おそらく、多くの中小企業が自己申告をベースにしていると思われますが、自己申告の場合は、実態と記録に乖離がある場合は実態調査をしなければならないなど、厳しい条件が設けられています。

このため、自己申告だけに頼った労働時間管理では、法律が規定する要件を満たすのは難しく、何らかの"仕組み"の導入は避けられないでしょう。

1-2 テレワークにも対応した労働時間を管理するさまざまなサービス

現在、さまざまな企業が、テレワークにも対応した労働時間を管理するシステムやサービスを提供しています。もちろん、このようなシステム・サービスはコロナ禍以前からありましたが、コロナ禍でテレワークが急拡大したことで、利用を検討する企業が増えています。

特に注目されているのが、クラウド型のサービスです。サーバーにインストールする必要はなく、インターネットが使える環境とパソコンやスマートフォンがあれば利用できるため、テレワークの労働時間管理には最適です。

クラウド勤怠管理システムの例。画面はネオキャリアが運営する「jinjer勤怠」のページ。現在、クラウドで利用できるさまざまな勤怠管理サービスが登場しています。

サービスの一覧は、153ページの表に掲載していますが、機能や価格はさまざまです。自社のビジネスに合わせて、最適なサービスを選んでください。サービスを選択する際のポイントは次の通りです。

1.テレワーク、オフィスの両方で使える

テレワークで自宅やカフェなどの出退勤を管理できるだけでなく、オフィス業務でも共通で利用できるサービスを選ぶことが大切です。もちろん、オフィスはタイムカード、テレワークはクラウドサービスという組み合わせでも良いと思いますが、管理が二重になるので、いずれはクラウドサービスに統一するのがおすすめです。

2.柔軟な働き方に対応できる

病院や店舗、工場など、従業員の働く場所・働き方に柔軟に対応できるサービスを選ぶことが大切です。屋外で働く従業員が多い場合は、スマートフォンでの使い勝手を最優先するなど、自社の状況・事情に最適なサービスを選びましょう。

3.特定の業界に強いサービスもある

　飲食業界や運送業界のように、特定の業界に強いサービスもあります。このようなサービスは、業界特有の慣習や仕組みに対応していることが多いようです。サービスの紹介ページには、導入した企業の事例が掲載されていることも多いので、自社の事情に近い事例を参考にすると良いでしょう。

4.単機能型か多機能型かに注意する

　サービスの中には、勤怠管理に特化した単機能型もあれば、経費精算などの他のサービスが含まれた多機能型もあります。勤怠管理だけできればよいのか、将来的な拡張をどうするのかによって、選択肢が変わってくると思います。

5.コストは基本的に1人あたりの月額で考える

　クラウド型のサービスは、ほとんどの場合1人あたりの月額料金となっています。ただし、一定人数以下が無料になっていたり、利用人数によって月額が異なる場合もあります。また、年契約が必須であったり、初期導入コストがかかる場合もあるので注意してください。

6.将来性、安定性にも注目する

　クラウドサービスはさまざま事情により、運営企業が突然サービスを変更したり、終了したりする可能性もあります。このため、将来にわたって安定してサービスを運営できる企業を見極めることも大切です。具体的には、会社の過去の実績や財務状況、運営ポリシーなどにも注目してください。

1-3　労働時間管理ができる各種サービス

中小企業でも導入しやすい、月額で利用できるクラウドサービスを中心にピックアップしました。システム開発や個別の見積もりが必要だったり、Webサイトで価格が明記されていないサービスは、できるだけ除外しています。

なお、価格やサービス内容は変動するので、最新の情報は各サービスのWebサイトをご確認ください。

主なクラウド型の勤怠管理システム

◆長時間労働抑止システム「Chronowis」（パナソニック）

https://www.panasonic.com/jp/business/its/chojikan.html
パナソニックが提供する安心感。時間になるとポップアップ表示や強制シャットダウンが可能。オンプレミス版もあり。月額300円/人。

◆ jinjer 勤怠（ネオキャリア）

https://hcm-jinjer.com/kintai/
労働時間の集計や各種申請、承認業務から有休や残業時間の管理までリアルタイムで一括管理できる。月額300円/人。

◆キングオブタイム（ヒューマンテクノロジーズ）

https://www.kingtime.jp/
多彩な打刻方法が選べる。月額300円/人から。

◆ジョブカン（株式会社 Donuts）

https://jobcan.ne.jp/
変形労働、フレックス、裁量労働などさまざまな勤務形態に対応。必要な機能だけを組み合わせて利用できる。無料プランあり。月額200円/人から。

◆ CYBER XEED すまぁと勤怠（アマノビジネスソリューションズ株式会社）

https://www.i-abs.co.jp/workmanagement/smart-feature.html
最短3日で導入可能。初期費用5万円、月額220円/人。

◆ TeamSpirit（株式会社チームスピリット）

https://www.teamspirit.com/ja-jp/service/ts/am.html
リアルタイムに労働時間を計算・可視化できる。工数管理や経費精算にも対応。初期費用15万円、月額600円/人から。

◆ Money Forward クラウド勤怠（株式会社マネーフォワード）

https://biz.moneyforward.com/attendance/
勤怠チェック、シフト管理、有給休暇管理、異動履歴管理、ワークフローなど。月額800円から。

◆就業奉行11（株式会社オービックビジネスコンサルタント）

https://www.obc.co.jp/bugyo/shugyo
奉行シリーズ。従業員が行う打刻や勤怠申請等の定型業務の業務プロセスを改善する。月額350円/人から（年間契約）。

◆ Touch On Time（株式会社デジジャパン）

https://www.kintaisystem.com/
勤怠管理に特化した機能でさまざまな就業ルールに対応。月額300円/人から。初期費用無料。

◆ kincone（株式会社ソウルウェア）

https://www.kincone.com/
ICカード、Webブラウザ、アプリ、チャットなど、働き方に合わせて打刻方法を選べる。月額200円/人。

◆スマレジ・タイムカード（株式会社スマレジ）

http://timecard.smaregi.jp/
パスコードや写真撮影、位置情報による不正防止機能を用意。無料版あり。

◆勤革時（日本電気株式会社）

https://jpn.nec.com/king-of-time/index.html
勤怠状況をリアルタイムに集計・確認。直行直帰の従業員勤怠も正確に管理可能。月額300円/人。

◆ freee 人事労務（freee 株式会社）

https://www.freee.co.jp/hr/attendance-management/
シフト管理、休暇管理、フレックス勤務などの多様な働き方に対応し、打刻手段も豊富。給与計算、マイナンバー管理なども利用可能。月額1980円/人から。

◆ Gozal（株式会社 BEC）

https://gozal.cc/
雇用、勤怠、給与、退職などのすべての労務管理に対応。月額700円/人。年額プランもあり。

◆ ShiftMAX（KYODOU 株式会社）

http://shiftmax.co.jp
セミオーダー感覚でアレンジできるクラウド型の勤怠管理システム。Excel を利用する。システム構築が必要。

◆勤之助 ver.2（HOYA 株式会社）

http://www.yorozuya-ikka.info/kinnosuke/
勤怠管理項目を自由に設定できて、PC、スマホ、IC カードで打刻可能。月額300円/人から。

◆シフオプ（株式会社リクルート）

http://www.shifop.jp/
シフト作成・調整に特化したシフト勤務用の管理サービス。月額300円/人、初期費用0円。

◆ Zoho People（ゾーホージャパン株式会社）

https://www.zoho.com/jp/people/
採用から入社手続き、勤怠管理、時間管理、人事評価までを網羅したサービス。月額120円/人から。年契約もあり。

◆ AKASHI（ソニービズネットワークス株式会社）

https://ak4.jp/
勤怠管理の必須機能と申請承認機能を備えた「スタンダードプラン」をはじめ、3種のプランを用意。月額200円/人から。

◆シュキーン（株式会社インフィニットループ）

https://www.shukiin.com/
勤怠データの分析機能が充実している。働き過ぎ従業員の把握、チーム単位の勤怠把握などが可能。月額200円/人。

◆ IEYASU 勤怠管理（IEYASU 株式会社）

https://www.ieyasu.co/
人事実務の専門家集団と共同開発した無料の勤怠管理システム。有料版に切り替えることで機能が増える。

◆ RecoRu（中央システム株式会社）

https://www.recoru.in/
使いやすさと低価格を追求した勤怠管理システム。月額100円/人、初期費用0円。

◆ follow Smart Touch 版（エヌ・ティ・ティ・コムウェア株式会社）

https://www.nttcom.co.jp/follow_s/follow-smart-touch/
タブレットと IC カードで打刻する勤務管理サービス。月額200円/人。

◆ネクストICカード（株式会社ジオコード）

https://next-iccard.jp/
勤怠管理と交通費精算ができるクラウドサービス。月1万円の基本利用料に、勤怠管理は月額200円／人、交通費精算は月額400円／人。

◆かえる勤怠管理（株式会社ITZマーケティング）

https://japanpt.org/
1拠点5000円からの勤怠管理サービス。タイムレコーダが無料レンタルされる。テレワークにも対応。

◆Taskal Time-Card（株式会社アイシーソフト）

https://www.ttc.cloud/
顔認証を使った勤怠管理システム。顔認証打刻は月額100円／人、勤怠管理セットは月額250円／人。

◆ActView（日本ノーベル株式会社）

https://www.jnovel.co.jp/service/actview/
タイムカードの代わりに携帯電話で出退勤などの勤怠情報を管理するシステム。月額120円／人（50ライセンスからで年契約が必要）。

◆e-navi タイムシート（株式会社イー・クリエーション）

http://ts.e-creation.jp/
一般企業向けと人材派遣会社向けのサービスがある。人材派遣版は月額250円／人から、一般企業版は月額280円／人から。

◆エンコラボ（株式会社ニックス）

http://www.encollabo.jp/jinji/
出退勤の管理、各種申請書の管理が可能。勤怠管理は月額100円／人〜300円／人（規模によって変動）。初期費用は3万円。

◆ちゃっかり勤太くん（株式会社エイ・アイ・エス）

http://www.a-i-s.co.jp/kinta/index.html
業種別就業ルールに合わせたカスタマイズが可能で、静脈認証などの多様な認証システムを選べる。月額200円／人から。

◆G'Job 勤怠24（株式会社 エーティ・プランニング）

http://www.atp.co.jp/gjob/list.html
汎用的なカスタマイズが可能で、打刻・旅費申請に対応。初期費用5万円、月額280円／人。

◆Time Value（株式会社シスプロ）

http://www.timevalue-syspro.net/
勤怠管理のデータ集計をもとに、給与／賞与の計算まで対応可能。月額290円／人。初期費用0円。

◆フリーウェイタイムレコーダー（株式会社フリーウェイジャパン）

http://freeway-timerecorder.com/
10人までなら無料で利用できる勤怠管理システム。有料版は月額1980円／人。

◆勤怠グリッパー（株式会社エスティワークス）

http://www.kintai-gripper.com/
特定社会保険労務士が企画・監修した勤怠管理システム。月額基本料金1万円＋500円／人。

索引

あとがき

　1章から2章では、テレワークについての基礎知識、導入の準備と実践方法などについて解説してきました。中小企業経営者の皆さんの中には、新型コロナウイルスがきっかけで、初めてテレワークの存在を知ったという方も少なくないでしょう。ある日突然、テレワークを導入せざるを得ない状況に追い込まれ、何から手を付けていいのか、大いに悩まれていたかと思います。しかし、ここまで解説してきたように、簡単な社内ルールと準備を行えば、必要最小限のコストでテレワークを実現できるのです。

　テレワークでは従業員の通勤負担が軽減し、ワーク・ライフ・バランスの向上にもつながります。在宅勤務なら、仕事をしながら育児や介護も両立できるため、優秀な人材の確保にも役立ちます。また、日本では今後ますます少子高齢化が進みます。労働力人口も大幅に減少すると予測され、企業にとってもテレワークのような働き方改革は急務といえるでしょう。

　一方、テレワーク導入後は、運用上の課題やコミュニケーションの希薄化などの問題に直面することもあります。この場合は、テレワーク従事者や労務担当者に聞き取りを行うなどして、問題点の改善に努めましょう。はじめから完璧を求めるよりも、まずは実践から。勇気を持ってテレワークの第一歩を踏み出すことで、会社の明るい未来を切り開いてください。

2021年9月　宮下由多加

あとがき

　2020年4月7日に第1回目の緊急事態宣言が発令されてから、急速に注目を集めたのが「テレワーク」です。その理由はもちろん、オフィスに出社する人を減らし、感染リスクを抑えることです。それまでも働き方改革の一環として導入する企業はありましたが、コロナ禍を機に、テレワークを導入する企業は一気に増えました。

　ところがその後、コロナ禍が収束していないにもかかわらず、テレワーク導入企業は少しずつ減っていきました。コロナ対策としてはもちろん、多様な働き方を実現する"切り札"にもなるテレワークを、自ら手放す企業が増えていったのです。

　理由はいろいろ考えられますが、主な理由は2つだと思います。1つは「セキュリティ」、もう1つは「勤怠管理」です。テレワークが話題になると、ほとんどの従業員は「導入したい」と前向きになります。一方、情報漏えいが起きたら大変、社員の働いている姿が見えないので不安……等々と考えて、慎重になるのが社長や管理職です。

　テレワークを望む一般社員となかなか首を縦に振らない社長や管理職。こんな光景が、多くの会社で繰り広げられているのではないでしょうか。

　本書の3章と4章は、こうした光景を少しでも変えられればと思って執筆しました。本来、テレワークは、企業にとっても大いにメリットのある仕組みなのです。ぜひ参考にしていただいて、一般社員も社長も管理職も、全員が望む形でテレワークを実現していただければ幸いです。

2021年9月　井上健語

［著者紹介］

宮下 由多加（みやした ゆたか）
ITライター。出版社勤務を経て、2000年よりITライターとして独立。これまでパソコン、スマホ関連の雑誌、書籍を中心に200冊以上の執筆・編集に関わる。近著は「スマホで防災　家族も自分も守る！ スマホで始める最新防災マニュアル」（ジャムハウス）。
自身はフリーランスであるがゆえに、以前から自宅を拠点にテレワークを実践。 最近は、湯河原や伊東などの温泉地に赴き、実験的にワーケーションを行うことも。

井上 健語（いのうえ けんご）
フリーランスのテクニカルライター。ビジネス＋IT（https://www.sbbit.jp/）でIT系記事を多数執筆。オールアバウトの「Wordの使い方」「パソコンソフト」のガイドをつとめ、日経パソコン（日経BP社）ではフリーソフトの連載を担当。
個人サイト：https://www.makoto3.com/
Facebook：https://www.facebook.com/inouekengo

● 万一、乱丁・落丁本などの不良がございましたら、お手数ですが株式会社ジャムハウスまでご返送ください。送料は弊社負担でお取り替えいたします。
● 本書の内容に関する感想、お問い合わせは、下記のメールアドレスあるいはFAX番号あてにお願いいたします。電話によるお問い合わせには、応じかねます。
メールアドレス◆ mail@jam-house.co.jp　FAX番号◆ 03-6277-0581

新しい働き方の教科書 ①
中小企業だから実現できるテレワーク

2021年10月10日　初版第1刷発行

著者	宮下由多加・井上健語
発行人	池田利夫
発行所	株式会社ジャムハウス
	〒170-0004　東京都豊島区北大塚2-3-12
	ライオンズマンション大塚角萬302号室
カバー・本文デザイン	船田久美子
編集協力	髙木敦子
印刷・製本	株式会社厚徳社

定価はカバーに明記してあります。
ISBN　978-4-906768-96-7
© 2021
Yutaka Miyashita
Kengo Inoue
JamHouse
Printed in Japan